# 让每个孩子
# 成为
# 最好的自己

徐连佳 / 著

吉林人民出版社

**图书在版编目（CIP）数据**

让每个孩子成为最好的自己 / 徐连佳著. — 长春：
吉林人民出版社，2019.10
ISBN 978-7-206-16471-2

Ⅰ.①让… Ⅱ.①徐… Ⅲ.①中学教育—研究 Ⅳ.
①G63

中国版本图书馆CIP数据核字（2019）第237986号

# 让每个孩子成为最好的自己
RANG MEIGE HAIZI CHENGWEI ZUIHAO DE ZIJI

著　者：徐连佳　　　　　　封面设计：姜　龙
责任编辑：王　斌
助理编辑：崔剑昆
吉林人民出版社出版发行（长春市人民大街7548号　　邮政编码：130022）
印　　刷：北京虎彩文化传播有限公司
开　　本：787mm×1092mm　　1/16
印　　张：9.75　　　　　　字　　数：176千字
标准书号：ISBN 978-7-206-16471-2
版　　次：2022年6月第1版　　印　　次：2022年6月第1次印刷
定　　价：45.00元

如发现印装质量问题，影响阅读，请与出版社联系调换。

# 序言

## 教育是滋养

高度决定视野。站在怎样的高度，决定着我们的教育视域，决定着我们的教育观念，也决定着我们的教育情怀。教育不是"盘丝洞"，也不是"花果山"，更不是气氛森严的"凌霄宝殿"，它就是教给孩子做好人、健好体、唱好歌、读好书、写好字、算好数、作好文。教师的作用就是用智慧和爱打开孩子看见自我的门，降低每一位孩子学习的困难程度，让孩子的现在和将来有尊严地生活。我们的目标就是挖掘孩子的优势潜能，培养发展孩子的基础学力，为其终身学习奠基。如果我们能够以知识为载体培养孩子的能力、发展孩子的素养、提高孩子心灵的高度，那么课堂当然就应该是孩子尽情发挥的圣殿，所有的教育活动就是滋养孩子灵魂的平台。我们的教育改革应该从思想深处发生变化，思想的变化才是根本的变革。如果思想没变，还是抱着传统的教学观念不放，没有对人性的充分尊重，那么教育方式方法的改变就只能是小打小闹，只能是拿"新瓶装旧酒"。所以，教育改革必须是一种"颠覆"，一种在继承的基础上对"管"的观念的"颠覆"。

角度改变观念。站在不同的角度，会得出截然不同的看法。这个世界是多元的世界，因为组成世界的元素是多元的，只有具有包容的心胸和圆融的心态才能营造共生与和谐。作为教师的我们更需要包容，对不同观念需要包容，对同事需要包容，对学校的孩子也需要包容。我们应秉承"全纳教育"的思想，努力做到无排斥、无歧视、无差别，在坚持"把课堂还给孩子"的前提下，努力探讨具有自己风格和特色的、适合学科特点和学生年龄特点的"学生自主"课堂改革模式。教育需要精雕细刻，需要"小火咕嘟炖"，更需要打破传统观念的束缚，改变角度，放开手脚，勇于探索和实践！

我们相约走在路上，在欣赏着风景，讨论着困惑，抒发着快乐！

徐连佳

# 目 录

## 教育篇

| | |
|---|---|
| 002 | 树立"大德育"观　注重德育的实效性 |
| 011 | 踏着青春的旋律放飞梦想 |
| 013 | 狠抓养成教育　形成积极进取的班风 |
| 017 | 教育艺术 |
| 019 | 在班级管理注重人格的培养 |
| 025 | 为孩子打开看见自我的门 |
| 029 | 加强心理健康教育　做幸福教师 |

## 教学篇

| | |
|---|---|
| 042 | 唤醒"装睡"的人　助推学教方式转变 |
| 050 | 教与学方式转变的"六忌" |
| 052 | 课堂教学艺术 |
| 058 | 提纲导引　总题分述 |

## 家教篇

066 | 成长比成功更重要
073 | 家长应及早培养孩子的社会素养
094 | 我们应该怎样做父母
100 | 怎样指导孩子学习取得成功

## 管理篇

106 | 凝聚师生智慧 形成学校发展合力
111 | 为教师的专业发展搭建不设边界的支持平台
118 | 自主经营 以人为本 回归教育本源
123 | 教育的本源目的是让人更有尊严
127 | 向杜郎口学什么？

## 感悟篇

140 | 《静悄悄的革命》读后感
146 | 教育感悟
148 | 教育人的"七有"境界

教学篇

家教篇

教育篇

感悟篇

管理篇

# 树立"大德育"观　注重德育的实效性

莲花中学办学二十多年来，全面贯彻教育方针，面向全体学生树立"大德育"观。我们在认真学习、探索研究、实践发展理念基础上，改进和加强了学校的德育工作，坚持做到了思想上重视德育、时间上保证德育、资金上满足德育、政策上德育优先、管理上服务德育，并适时建立了切合我校实际的、行之有效的立体交叉辐射型德育工作体系，为培养品德高尚、心理健康、情趣高雅、谈吐得体、文明礼貌的高素质公民而不懈努力。

## 一、内外结合，齐抓共管，形成德育队伍建设的网络化

抓好德育工作，队伍建设是保障。多年来，我们德育队伍建设的体制遵循三条原则。

### 1. 党政分合的原则

《中共中央关于进一步加强和改进学校德育工作意见》中指出："在党委（总支、支部）的统一布置下，学校要建立和完善校长及行政系统为主要实施的德育管理体制。"这就要求我们，一是要发挥基层党组织的政治核心作用，二是要以校长及行政为主实施德育工作。区别于文化知识和单纯传授的自身特性，基层党组织也要有明确的分担职责，每一位党员都应担负相应的德育工作，在德育工作体制中形成党政合作基础上的分工，以及在分工基础上的合作。

### 2. 整体相融原则

德育工作体制要与现行的学校其他管理体制，特别是与教学工作、体卫工作的管理体制相融相补、相辅相成，成为一体。德育体制的建立与运作不应该

也不能损害教学工作的开展，恰恰相反，它们应该产生明显的互促效应。在这一原则的指导下，不断完善管理体制，使德育工作对学校教学、体卫工作高质量地开展起到了很好的保证作用。同时，在教学等工作中不断寻找载体，加强德育渗透。这种全校各部门积极协调、上下一盘棋的管理体制，保证了德育等各项工作顺利而又高效地开展。

**3. 角色共担的原则**

我校的德育队伍经过不断建设，已形成了领导得力、作风扎实、主体突出、网络密集、成效显著的德育工作队伍。

（1）建立了以党支部书记、校长为首，由政教、团委、教学处、体卫处、政治科组长、教师代表、学生干部参与的领导小组，发挥其核心领导作用。

（2）加强班主任队伍建设，发挥其主导作用。班主任队伍建设是德育工作的重中之重，一个班级的班主任工作不得力，就会造成一个班级混乱；一个学校如果整个班主任队伍涣散，学校就会混乱不堪。所以，我校十分重视班主任队伍的建设。首先，建立"班主任任职资格制度"，保障班主任待遇，严格执行标准，坚持能者、肯干者上和庸者、懒散者下的原则（如本学期就换掉了几个班主任）。其次，加强指导与交流，提高整体工作技巧和能力。第三，对班主任的工作要及时给予肯定，在一定范围内包容失误，待遇和荣誉要倾斜（如评优评先进指定班主任最低限额），生活和工作困难要帮助解决，将温暖送到广大教职工的心中。

（3）由政教处牵头，建立街道办事处有关部门、派出所、居委会、退休教师参加的"关心下一代工作委员会""家长委员会"，积极开办家长学校。

（4）挖掘学生干部的潜力，调动他们的积极性，发挥他们的才干，增强学生自我管理、自我监督、自我教育的能力。学校除团委、学生会外还成立了学生监事会。

（5）建立督导检查队伍，发挥其督导评价作用。我校的督导检查队伍人员组成有政教处、体卫处、后勤、校医、值周领导、值日教师、学生会纪检部和所有任课教师。这支庞大的队伍分工明确，对学生方方面面的表现进行全面评价，并及时反馈、及时纠正。

以上五支德育队伍构成了我校德育队伍的基本网络，形成了学校、家庭、社会三方合作的德育体系，为更好地开展德育工作提供了可靠的组织保证。

## 二、全面实施、突出重点，形成德育工作的系统化

近几年来，我们在不断探索实践的基础上，逐渐形成了思路清、线条明的两大德育内容系列。

**1. 坚持开展以"五爱"教育为重点，以爱国主义教育为中心的思想教育系列**

我们把平时的教育与专项的德育教育活动结合起来，形式多样、潜移默化地进行系列教育。坚持每周升旗由学生主持，通过升国旗、唱国歌和国旗下的演讲活动，对学生进行爱国主义教育。演讲由各班轮流进行，每位代表的演讲词都围绕一个中心，突出重点，形成完整的系列教育。

我们通过推荐文章、播放录像、请我校优秀毕业生和先进人物做报告、召开主题班会等方式，有计划地开展德育教育，培养学生"五爱"的情感。我们发现了好的文章，经常把它复印后发给学生，并在班会上学习讨论，用活生生的例子示范教育。我们组织专人录下来中央电视台播放的几大战役纪录片，并分期、分批播放给学生看，让学生感受一下战争年代的血雨腥风，体验民族独立、人民解放是多么来之不易。我们还不失时机地转播中央电视台的"科技论坛"等节目，让学生感受到科学的脉搏、文明的脚步，以激发他们爱科学、学科学、用科学的激情。

组织学生春游，让他们在壮美大自然中陶冶情操的同时感受农民的艰辛、工人的勤劳、科技的分量。当我们参观完核电站、航空母舰之后，学生都发出惊叹："真是伟大！"本学期，区团委组织"学会做人，面向未来"的演讲比赛，我们进行了声势浩大的选拔活动。通过这次活动，我们不仅取得了最佳组织奖，更重要的是使全体学生受到一次很好的"做人"教育。

我们通过板报、校报宣传，以及开展系列化的主题班会，积极开展教育活动。我校的板报、班会常常相互配合，梯次明显，每月一个主题，务求实效。一年一度的艺术节、科技节、体育节的开展不但提供给学生展示才华的机会，也让学生在和谐的气氛中充分体会成功的喜悦，很好地培养了学生美好的情感。

总之，我们牢牢地抓住"五爱"教育这个中心，通过开展丰富多彩的活动，向学生心中播撒成熟的种子，使他们在未来的人生中开花结果。

**2. 坚持开展以文明守纪为核心的系列养成教育活动**

多年来，我们始终把养成教育作为学校德育工作的抓手，通过开展养成教育培养学生学会做人、学会求知、学会办事、学会健体、学会审美。我们以《中学生守则》《中学生日常行为规范》和《莲花中学学生管理条例》为依据，落实德育工作。

（1）认真学习，深入宣传

我们利用板报、学习园地、校报、国旗下演讲、主题班会、学生会倡议及举办故事会、演讲比赛等形式展开宣传攻势，加大宣传力度。

（2）完善制度，强化训练

我们从小事抓起，由易到难；从细节抓起，由表及里；从起始抓起，环环相扣；从群体抓起，形成风气；从正面抓起，树立榜样。提倡学生使用文明礼貌用语，组织专人强化训练，组织礼仪表演队示范指导，树立典型，以点带面。学校还把养成教育和学生思想品德评定结合起来，和评优结合起来，加大了养成教育的力度。

（3）突出重点，开展竞赛

多年以来，为了把学生的养成教育推向一个新的高度，我们每年都开展"四JING、两好、一勤"的文明月活动。"四JING"，即"静、净、敬、竞"；"两好"，即良好的行为习惯和良好的学习习惯；"一勤"，即勤奋。多年以来，文明月活动在精心策划、认真动员、大力宣传、严格检查、抓好落实的基础上取得了明显的效果，师生关系更加融洽，抄作业的学生少了，迟到的学生少了，考试舞弊的学生少了，图书馆的学生多了（中午基本满员），班级纪律好了，学习气氛更浓了，竞争意识更强了，好人好事就有四百二十三人次。增强了班级的凝聚力，充分发挥了各年级长、班主任和班委的作用，大大增强了学生干部的工作能力，涌现出一大批先进班集体和优秀个人（共涌现出十九个先进班、十名先进班委会、三百个学生活动积极分子、二十四个先进教师），学校的整体面貌发生了根本的变化。

（4）完善组织，督导检查

建立完善的检查体系。我校已形成体卫处、政教处、学生会、值周领导教师和保安五位一体的检查组织机构，他们各司其职，既分工又合作。完善检查评比制度，制度细化，评比量化，每日公布，及时反馈。

（5）树立典型，带动全体

每月评出文明班，每学期评出三好班及文明生、纪律进步生、学习进步生、全勤生、优秀图书管理员、优秀学生干部、三好学生等各方面先进的个人，并设立专门橱窗张榜表彰，扩大正面影响。

## 三、拓宽渠道，开展活动，形成德育途径的多样化

### 1. 积极发挥课堂教学的主渠道作用，做到教书育人

学校坚持把各科教学作为主渠道，明确要求各科教学都要明确德育目标，在教学计划中要有明确体现。由主管教学的校长、教学处主任、教研组长进行督查和指导，各学科做到备课有要点、讲课有结合点、评课有重点，将德育深入贯穿于教学活动的过程中。

### 2. 坚持开展丰富多彩的教育活动，做到活动育人

例如，一年一度的艺术节通过评选书法、演讲、故事、诗人、作家、手工艺、舞蹈、器乐、歌唱、摄影等十大家活动，不但丰富了学生的校园生活，活跃了校园文化，同时也培养了他们的参与意识，展示了才华，陶冶了情操，锻炼了能力，增强了审美艺术鉴赏能力，为他们以后的发展播下了希望的种子；一年一度的科技节极大地调动了学生爱科学、学科学、用科学的热情，这比枯燥的说教不知要强上多少倍；一年一度的体育节更是展现英姿、培养团队精神的最好机会，一声声的呐喊、一阵阵的鼓励加油就是友情的传递，就是团队精神进射出的光芒。

我校还开展夏令营、春秋游等，让大自然的壮美陶冶情操；参加军训、三防教育，体验军旅生活的艰辛与幸福；参观少管所、戒毒所，警示学生失足是要用惨痛的代价偿还的；通过祭扫烈士墓，缅怀先烈的丰功伟绩，激发学生报效祖国的豪情；开展"忠心献给祖国，爱心献给社会，关心献给他人，孝心献

给父母，信心留给自己"的"三心"教育活动，培养他们良好的品德和高尚的人格，等等。

**3. 创办业余党校、团校，提供政治教育的课堂，做到重点育人**

我校业余党校、团校的创办有正规的组织领导，有教育计划，有兼职党课教员，有教育活动计划，定期为学生中的先进分子讲党课、团课、时事政治课，使学生树立了坚定正确的政治方向。在高中未分离前，高中学生积极递交入党申请，积极参加党课，学校已吸收3名学生加入中国共产党。

**4. 通过召开主题班会、班会、团会，对学生进行专题教育**

例如，"五心教育""五爱教育"、环保教育、禁毒教育、防范犯罪教育、青春期教育、升学教育、团队精神教育，等等。

**5. 加强校园建设，做到环境育人**

学校积极建设优美的校园自然环境和人文环境，优美和谐的校园环境使学生时时受教育，处处受启迪，潜移默化地陶冶学生的情操，树立文明向上的时代精神。我们非常重视环保意识和环保行为习惯的培养，除定期组织学习环保知识、开设环保教育课、组织环保小组定期开展活动、邀请专家讲座外，还特别强化环保行为习惯的养成培养。例如，我们开展"你扔我捡，净化校园"的活动，很好地培养了学生爱清洁、讲文明的习惯。正是由于各级领导的大力支持和全体师生卓有成效的工作，我校顺利被命名为省级绿色学校。

## 四、常抓不懈，形成德育管理的经常化

实施德育的优化管理，要坚持把德育的过程经常化，注意把德育工作的内容和做法寓于常规管理中。

首先，分层次制定目标。我们根据学生的年龄特点和心理特征制定了针对性较强的层次目标，初一打基础、立规矩、养习惯；初二树理想、防分化、促成熟；初三明志向、抓提高、求发展。以此为基础，发挥启动、导向、激励、聚合的功能，促进目标的达成。

其次，落实"四个全程"管理。在一日的全程管理中，抓住晨读、课间、两操、自习等环节加强管理；在一周的全程管理中，坚持周一升旗仪式、召开

主题班团会、周末总结制度，努力做到一周一个新起点；在一学期的全程管理中，坚持做到学期有工作计划、月有工作安排、周有工作重点、日有检查公布，做日检查、月评级、期末评三好的制度；在从初一到初三的全程管理中，创设良好校风、班风，对各班实施严格监控，坚决杜绝班级混乱现象的发生，对每一班、每一位学生负责。在实施教育四个全程管理中，要把握各层次学生的思想脉搏，通过规范道德行为、发展道德情感、提高道德认识、磨砺道德意志，推动学校的精神文明建设上一个新的台阶。

第三，德育管理要经常化。这就要求我们要反复抓、抓反复，只有这样才能巩固教育成果，抓出实效，决不气馁放弃。

## 五、不断改进，逐步完善，形成学校德育管理的规范化

### 1. 管理制度规范化

文明班、三好班评比制度，以及奖励制度、班主任工作制度、班主任例会制度、家长规范制度（家长会由班主任填写素质报告手册代替单纯的成绩单，全面评估学生的发展、成绩、潜力，以素质教育为汇报重点的家长会制度）、学习困难生分工帮教制度、班主任工作定期交流制度等，坚持统一要求，规范管理。

### 2. 教室管理规范化

各班教室按学校统一要求去布置、装饰，保持统一、规范、整洁、美观等。

### 3. 以政教处为核心的检查评比规范化

根据我校实际，我们制定了六项评比细则，并由专人负责，统一标准，务求公平合理。

## 六、强化环节，注重实效，形成德育评价的过程化

无论是对班集体还是对学生个人评价，都既注重结果又注重过程，改变以甄别和选拔为目的的评价机制，让每个学生都在自己的基础上得到发展。对班集体和个人操行在纪律、两操、卫生、行为规范、公物保管、体育、班容班貌、板报宣传、竞争获奖等制定了评比的量化标准，做到评定有独立性、完备性、可比性、可行性，根据考评分数得出结论，系统地、公正地、全面地、真

实地反映各班、各人的状况。每学期期末，学生的操行评价等级都是根据学生本人、家长、同学和班干部的意见，由以班主任为核心、任课教师为成员的评定小组确定。对优秀和进步明显的学生，建议校长向学生本人和家长发去祝贺信。

## 七、加强沟通，使德育工作温馨化

沟通包括师生沟通和教师与家长的沟通。我们通过每月给家长一封信——温馨提醒的方式，加强与家长的合作。温馨提醒，以发现闪光点、表扬为主，在充分肯定学生进步的基础上，委婉地道出学生应注意的问题以及需家长合作的内容与方式。这种形式我们已坚持数载，深受广大学生和家长的欢迎，收到了明显的效果。

## 八、加强学困生的转化工作，使德育工作全面化

我们的教育应该面向全体，这才是完整的教育，我们的口号是"不使一个学生掉队"，我们对学困生的帮教原则是"深入了解，分析原因；正确对待，给予关怀；根据特点，耐心教育；多方协作，因势利导"。根据学生的具体情况，在自愿的原则上组成由课任教师、班主任、学生干部参加的帮辅小组定期进行文化知识的辅导和谈心，并及时填写到学困生跟踪表。每月，年级为此进行经验交流和小结，根据进步程度，期末给予大力表彰。几年来，我们取得了可喜的成绩。从近两年的情况看，初三的学困生比例明显下降了。

## 九、加强科研与交流，追求德育工作的科学化

为使德育工作纳入科学化的轨道，我们十分重视总结经验，重视德育工作的科学研究。为了全面提高素质教育的质量，我校在三个年级开设了实验班，制定了明确而又详细的教学、德育、体育、心理辅导目标，扎扎实实地开展工作，取得了可喜的成绩。如我校初一（八）班由学生担任执行班主任，每天的练字、轮流演讲、无声自习等已成为习惯，最难能可贵的是所有的考试都达到免监考并无人抄袭的程度。我校还承担心理教育的实验，每位班主任及相关教师都有明确的研究任务。我们正在认真学习、大胆实践，探索心理辅导的方式

方法，找到心理辅导与德育教育的切入点和结合点，实施有效的德育工作。让学生主动地、愉快地接受我们的教育才是德育工作的最高成就，也是我们德育工作者所追求的最高目标。与此同时，我们还加强经验交流，坚持每学期进行一到两次的交流，以经验介绍和座谈等形式相互交流经验、畅谈感受、介绍成功的范例，从而提高我们的整体水平。

## 十、重视学生青春期的生理和心理教育，实现德育教育辅导化

本学期，经学校行政会议讨论确定，我校德育教育主题为"青春期的生理和心理教育"。初中学生刚刚进入青春期阶段，生理发育十分迅速，而心理发育相对滞后，激烈的生理和心理矛盾给学生带来许许多多的心理疑虑和困惑。如果这些困惑解决得不好，就会使学生出现较为严重的心理问题和行为偏差。因此，中学生青春期的生理和心理问题是首要问题，它是很多学生出现行为偏差的根源。基于以上认识，我校成立了"青春期生理和心理"教研室，将生理老师和心理老师合编为一个教研组，促进生理和心理的有机结合。在"适时、适度、适量"地开展性生理、性安全教育的同时，大力加强性心理、性道德教育。在加强课堂教育的同时，我们还通过专题讲座、心理咨询、生理咨询、上网查询、在校园网设立专题网页的形式开展教育和辅导。同时我们还向班主任和家长开设青春期生理和心理的知识讲座，倡导家长和班主任对学生进行有针对性的生理和心理辅导。本学期我们开展此类讲座四期，深受家长和教师欢迎，各班的班会形式也已经从原来的教师一人说教变为人人参与的集体心理辅导模式。心理辅导室还积极培训学生和教师，组建心理俱乐部，扩大心理辅导队伍，加大辅导力度。现在我们已经把学生的行为偏差不再简单的归结为品德问题，而是更多地从心理的角度给予考虑。

以上是我校德育工作的理念和一些具体做法。我们深知，虽已初步构建了德育工作的整体体系，形成了德育工作的模式，并取得了一定成绩，但我们还有许多不如意的地方，体系的构建和模式的形成还需进一步探索、改进和完善。在上级相关部门的领导、支持下，我们将继续牢固树立"大德育"观，重视教育实效性，把我校德育工作推上一个新的高度。

# 踏着青春的旋律放飞梦想

同学们：

时光飞逝，往事如歌。三年前，同学们离开小学，怀揣梦想，满怀期望来到了莲花中学。三年来，大家在这里潜心专研，孜孜以求，勤奋研读，茁壮成长。莲花园中的书声琅琅和艺术节上的吉他悠扬、图书馆里的憧憬渴望和创新课上的凝思遐想、田径场上的矫健身姿和辩论赛上的自信昂扬，早已融入了同学们的青春记忆。国旗下的慷慨激昂、运动会上的震天呐喊、篮球场上的霸气无双、科技节上的奇思妙想、大合唱中的和谐荡漾，无不镌刻着你们与母校共同成长的青春足迹。亲爱的同学们，中学生活是你们一生最美好的时光，也必将被莲花中学永远珍藏。

我们在骄傲地盘点各位过去成绩的同时，也期盼着你们未来的辉煌。初中毕业，预示着你们新的人生里程的开始。我作为校长，也作为你们的老师和朋友，在你们刚刚踏上青春的旋律之际提点希望，愿你们且行且思，在人生的道路上奏响更加华丽的乐章！

同学们，青春不是用来挥洒的，而是用来奋斗的。古今中外有多少赞美青春的诗篇，而最令我感怀和激动不已的是王蒙的《青春万岁》。我把略加修改的《青春万岁》献给大家：

是转眼过去了的日子，也是充满遐想的日子，纷纷的心愿迷离，像春天的雨，我们有时间、有力量、有燃烧的信念，我们渴望生活，渴望在天上飞。是单纯的日子，也是多变的日子。浩大的世界，样样叫我们好惊奇，从来都兴高采烈，从来不淡漠，眼泪、欢笑、深思，全是第一次。所有的日子都来吧，都来吧！在生活中，我快乐地向前，多沉重的担子我不会发软，多严峻的战斗我不会丢脸。有一天，关上了电脑，合上了书卷，擦完了汗，我想念你们、招呼你们，并且怀着骄傲注视你们。

同学们，乐观向上是青春活力的源泉。在未来的日子里，你们会品尝到成功的喜悦，也会感受到挫折的苦涩，体悟到站在十字路口时的彷徨。但无论是顺境还是逆境，我希望同学们始终保持坚毅的奋斗精神，落后时不气馁、被动时不抱怨、平淡时不焦躁、进步时不骄傲，以积极的心态和乐观的精神迎接每一次挑战，迈上人生新的高度，开拓人生新的境界。

同学们，毕业让你们离开熟悉挚爱的莲花校园，但你们赢得了更为高阔的学业舞台和奋斗空间；毕业让你们告别朝夕相处的老师和同学，但有莲花万千校友相伴，你们的未来永远不会孤单！

无论以后的人生旅途怎么样，别忘记告诉母校一声。无论你们走得多么远，也走不出母校对你们的思念，因为母校永远牵挂你们。

亲爱的同学们，一声"再见"，让我们在依依不舍中惜别，请记住莲花永远是你们的家，常回家看看；一声"加油"，让莲花为你助力、为你呐喊；一声"珍重"，让我们莲花人在紧紧地拥抱中祈祷并祝福同学们未来的人生旅途乘风破浪，一帆风顺。

我真诚地希望同学们继续荡起理想的风帆，珍视你们的智慧，放飞高远的梦想，再造青春的辉煌！

祝福同学们！

# 狠抓养成教育　形成积极进取的班风

我国著名的教育家叶圣陶曾说："教育的本质是培养良好的习惯。"而培养学生形成良好的品德修养和良好的日常行为习惯，使他们个个争先、人人奋进，形成"比、学、赶、帮、超"团结向上的班风，是我们每一位教师，特别是班主任的责任，更是我们的目标和方向。经过一年的努力，我们班在各方面取得了长足的进步，学生的精神面貌也焕然一新，基本上形成了积极向上、团结奋进的班风。这一大好局面的形成，最关键是狠抓了学生的养成教育。下面就谈一谈我的一些具体做法。

## 一、发挥班干部的潜能，组建精干的干部队伍，培养学生自我管理的能力

在班级管理中，班主任一个人的能力是有限的，除了领导的支持、科任教师和家长的协助外，还必须组建一支精干的班干部队伍，培养他们的组织、管理和控制能力，从而形成以班主任为核心、班干部为主体的立体交叉管理体系。为此，应确立"精、优、严、放"的四字方针。

"精"，就是干部的人数要精，宜少不宜多，要"精兵简政"。可以班长、支书一人兼，这样就避免了推诿扯皮，使班委会、团支部成为统一整体，携手并肩开展工作，加强了工作的力度和广度。

"优"，即班干部各方面的素质要高，能够堪称楷模。我认为，选拔班干部不能将就，宁缺毋滥。对班干部的缺点决不姑息，因为迁就某一班干部某一方面的缺点就会群起效仿。这样的班干部不但不能管好班、带好头，反而会起

副作用，形成负影响。

为了保证班干部的"优"，应运用"民主集中制"的原则，鼓励所有的学生参加竞选，通过投票和班主任的考察确定人选。这样做不但保证了班干部的质量，树立了班干部的威信，也培养了学生的竞争意识。

"严"，即对干部要求要严。对班干部要功过分明，班干部犯了错误，班主任不能护短，处理要严厉。但也要注意方法，严爱结合，不能劈头盖脸一阵乱轰，要晓之以理，使之真正明白错误的危害，体会教师的爱护之意。

对班干部的管理除了经常指导外，"批评与自我批评"是克服缺点最好的武器。因此，我要求班干部无论学习多忙都要每月一会。会议的内容是汇报工作、交流经验、检讨错误，开展民主评议，制定下一个月的计划和目标。由班长主持的这种会议在我班已形成了惯例，会议气氛严肃，班干部态度认真，自我批评深刻，互相批评不留情面。由于批评出于真诚，这种评议不但没有造成班干部间的矛盾，反而使他们更加团结，且对班级工作的开展更有计划也更有效了。班干部提高了自身素质和工作能力，也改掉了一些坏习气、坏毛病。

"放"，即班主任对班干部在严格要求的同时，还要放开他们的手脚，大胆放权，给予班干部一定的自主权。"放"并不是撒手不管，班主任要当好参谋，掌握好方向。经过一段时间的培养和锻炼，我们的班干部已基本上形成了日常的、独立的、系统的工作能力。

"精、优、严、放"四字方针保证了班干部素质和能力的提高，以及模范作用，为打开班级良好的局面奠定了坚实的基础。

## 二、班主任有"威"，更要有"信"

常言道："其身正，不令而行；其身不正，虽令不从。"要想规范学生的行为，教师说话要有分量，首先要有"威信"。"威信"是一个联合词组，它由"威"和"信"两部分组成。"威"非常重要，没有"威"，学生难以驾驭，班级难以管理，不良风气就会抬头，所以班主任应该对学生严厉要求，并且应该有严厉的惩罚措施。我现在的班在高一时有四名学生被学校处分，刚接班时，领导、同事都跟我说要有思想准备，这是个问题班。果不其然，第一天我做接班讲话时，就有学生起哄似的乱喊乱叫。一种抵触、怀疑、对抗、气馁的情绪弥漫在班级的每一个角落，大有"破罐子破摔""爱谁谁"的架势。开始面对这种情况时，我真有点不知所措，后来在校领导、年级组长、科任教师的帮助和启发下，我坚定了信心，着手实施各项管理措施，决心不放弃任何一名学生。

针对学生纪律松弛、信心不足的情况，我首先以严明纪律、强化组织观念为突破口，抓成功率。我认为，一个人一散百散、一松百松，无论做什么事一定尽最大努力做好，做操不认真，那就一遍一遍地做、一次一次地练，让学生体会到不尽力、不认真就做不好事，是要付出代价的。与此同时，我班强化了量化管理，强化品德积分制度，以此来评价学生的日常行为表现，并做为操行评定的依据。经过一段言出必行地整顿，班级纪律涣散的局面逐步得到了扭转。年级组长、科任教师反应："你们班郑某某、林某某、阮某、叶某某、温某某、方某等同学真好像变了一个人。"在文明班评比中，我班也多次被评为校级文明班，总评分名列校前茅。这极大地增强了学生的集体荣誉感，强化了纪律性，提高了自信心，学习风气逐渐浓厚起来，学习成绩也明显进步。与此同时，我的"威"也就逐渐树立起来了，这就为班级工作的开展奠定了坚实的基础。

但是只有"威"绝不是一个好教师，一个好教师不但有"威"，还要有"信"，这样才能达到"心服"的至高境界。"信"的树立除了教师有渊博的知识、过硬的教学能力、处事公平外，更重要的是缩短师生的距离，进而达到师生心灵的沟通。而这种沟通最关键的就是"爱"与"真诚"，教师真诚无私的爱必将换来师生间的感情共鸣。为此，我常深入到学生中去，与学生平等相处，拉家常、谈理想，共享欢乐与痛苦，与学生打成一片。我班郑某某同学学习成绩不好，习惯较差，逆反心理极强。通过谈话得知，他的父亲恨铁不成钢，常常下重手打他，有时打出伤口还向伤口撒盐，所以他痛恨所有约束他的人。为此，我两次约见他父亲谈子女教育问题，劝导他对孩子应以说服、关心、爱护为主，不能打骂，更不能下重手。经过谈话，他父亲表示以后决不会再有这样的事情发生了。从此，这个学生也与我亲近起来，行为表现也有了根本的转变。通过情感交流、平等相处，我们师生间的距离一天天地拉近了。

　　学生什么都愿意和我讲，甚至连家庭矛盾都愿意向我倾诉。我班赵某某同学属于单亲家庭，一岁起就因父母离异和妈妈生活在一起。有一天，我看他心情特别差，经询问得知，因未经允许妈妈进了他的房间，而与妈妈吵了一架。我对他进行了耐心地批评教育："你妈妈这么多年含辛茹苦一个人把你带大，她已把你当成了她生命中最重要的部分，生怕你某一步因她没照顾到而走错，有个闪失。她对你关心反而使你不满，甚至与她吵架，你的良心何在？"最后我建议他与妈妈谈一谈，认真向妈妈道歉。第二天，他一上学就跑到我办公室满面春风地对我说："我妈说我懂事了。"对于学生一天天的成长、一天天地进步，我自然是看在眼里、笑在脸上、美在心中。

　　通过多年的教育实践证明，要形成积极进取的班风，使每个学生都能在良好的氛围中健康成长，必须狠抓养成教育。

# 教育艺术

## 一、要掌握批评惩戒的艺术

### 1. 对不同的孩子采取不同的方法

（1）对性格内向、自信心强的孩子要采取"温和式"批评。

（2）对于脾气不好、自我意只强的孩子要"商讨式"批评。

（3）对于无意识犯错或者初次犯错的孩子，应采取容忍式低调处理。

（4）对于心理承受能力差的孩子，宜通过鼓励达到批评的目的。

（5）对于屡教不改的孩子，要分析原因，对症下药。

### 2. 学会冷处理

缓一缓：批评孩子要选择适当的时间、地点。

避一避：批评孩子要注意保护其自尊心。

绕一绕：尽可能从侧面间接批评孩子。

冷一冷：对"不听话"的孩子，外表上故意冷淡。

### 3. 七不批评

一是当众不责。在大庭广众之下尽量不批评孩子，保护孩子的尊严；当众批评的一般不点名。

二是愧悔不责。孩子已经对自己的过失感到惭愧懊悔，就不要责备。

三是欢庆不责。高兴时受到责备会导致经脉受阻，损毁身心。

四是悲忧不责。孩子哭泣、悲伤、心情不好时不责。

五是疾病不责。孩子要与疾病抗衡，需要父母的照顾和关爱来一起战胜疾病，此时责备削弱孩子的抵抗力。

六是危境不责。孩子正处在危险的境地，不要责怪他。

七是模糊不责。对事件来龙去脉不清楚，不要胡乱批评。

**4. 先接受后转化**

对于孩子犯了错又没认识到错误进行谈话教育时，要先站在孩子的角度考虑问题，也可以先接受他的观点，再慢慢转化。

**5. 从弱点入手**

对于所谓"顽固不化"的孩子，一定找到他（她）的弱点，再晓之以理、动之以情、导之以行、持之以恒。

**6. 刚柔并济**

对于班级制度和学校制度的执行要刚柔并济。

## 二、排除心理障碍

排除自卑心理，发扬其闪光点。

排除戒备心理，弥合其融洽点。

排除逆反心理，建立其相容点。

排除厌学心理，激活其乐学点。

排除惰性心理，强化其勤奋点。

## 三、点燃孩子的希望之火

扬长顺便补短。通过谈话、聊天、QQ留言、家校通、主题班会、活动总结等形式，用包装过的语言激励孩子们，克服缺点，重拾信心。

# 在班级管理注重人格的培养

在传统的班级管理中，我们只是侧重单一的"管"。这种"管"往往是建立在让孩子绝对服从的基础上，缺少对孩子起码意义上的人文关怀，其结果只会导致管理上日益被动。如果我们在管理中对孩子们多一些理解、多一些尊重、多一点关心、多一点呵护，把他们当作独立的个体，并把这个个体立起来，成为一个大写的"人"，那么情形自然大不一样。下面我试从三个方面谈谈我在班级管理中的一些尝试。

## 一、变"目中无人"为"满目皆人"

一方面因为应试教育的误导，另一方面则是因为教师自身的急功近利，致使我们在教育管理中变得"目中无人"，尽管我们面对的是一群有血有肉的孩子，分数却成了衡量孩子的唯一标准。于是，孩子的个性泯灭了，孩子的道德被忽略了（虽然天天挂在嘴边），孩子的兴趣爱好只有退居二线。这种"目中无人"式的管理即使是多培养了几个所谓的"上线生"，却很难说有益于民族素质的提高。苏霍姆林斯基说："你作为一个人生了下来，但要成为一个大写的'人'，真正要有一种精神——人的精神。"他还说："如果您想培养真正的人，那就应竭力使您的孩子在他的童年和少年时代把兴趣的中心放在做人上。"

我们的管理应该首先把孩子定位在"人"这字上，这是一种真正意义上的人，他们应该有鲜明的个性、分明的爱憎、顽强的意志、高远的追求、无私的奉献，等等。要想让孩子达到这种境界，我们必须先把他们当"人"来培养。

在每次刚接班的第一次学生会和家长会上，我都会这样对他们说："不管你们以前的成绩是优是劣，不管你们的家庭是贫穷还是富有，不管你们是男是女，不管你们的长相与衣着漂亮与否，到了我们这个班，大家都是平等的。大家都将站在新的起跑线上，若学习做人和文化知识二者不可兼得，应首先学会做人。"我说这些话的目的不仅是为了强调我的公平原则和育人思想，更主要的是让学生明白：自己应该是一个受到尊重的人，一个注重道德修养胜过文化修养的人。苏霍姆林斯基说："没有心灵上的修养，智力上和意志上的修养是不可想象的。只有在人精细且聪慧地体会到他周围的一切，处处有着与人交往的欢乐、与自然界交往的欢乐、体力上和精神上紧张劳动的欢乐、知识的欢乐，到那时人才会具有情感上的修养。"

只有我们充分认识了做人的重要性和必要性，才能变"目中无人"为"满目皆人"，才能看到一群性格各异、有着丰富内心世界的孩子。

"满目皆人"就是要发现每个孩子的优点，并逐步把他们塑造成"人才"，使整个团队成为智囊团、精英队。而做到这一点，最重要的是教师要有伯乐的眼睛，"相马"要准，一旦确定培养目标，就要有百折不挠的精神。

我校举行了《广东省中等职业学校"职业指导研究与实验"课题结题会》，我班承担的"在人生的起跑线上"的主题班会，受到了与会领导、专家、来宾的一致好评。总课题组的负责人李益处长发出三个"想不到"的感慨：选题之妙想不到、形式之新想不到、效果之好想不到。其实更让人想不到的是，参加这次班会的学生全是我校首届免试升入职业高中的学生。入学时，这些孩子连一篇课文都读不下来，更不用说要面对摄像机，面对几十名与会的专家和来宾了。当初刚接到这个班会任务时，我首先物色主持人，但无论我找到谁，他们都摇头拒绝。无法逃避的主持人用两个多小时的大哭来进行反抗，并且哭喊到："你别给我加这么重的压力，我生平连在他人面前讲话都不敢，更不用说让我主持省一级的班会了。"是啊，能被免试入学的孩子，他们何曾有过这种登台主持班会的机会呢？甚至连一句连贯的普通话都说不完整，一句"来宾们给我们提出了宝贵的意见，让我们以热烈的掌声表示感谢"都要教上十遍八遍。最后他还无奈地说："这么难的句子我说不好。"这次我们是和电子职业技术学校这样国家级的职业高中同时举行班会，可是面对这样的学生，我意识到这项任务的艰巨。但是在我的字典里是没有"退缩"二字的，既然做了就要相信他们、鼓励他们，努力做得最好。既然我们面对的是贫瘠的土地，那么就更需要我们这些耕耘者用爱心、关怀、理解去耕耘这片土地。我常常用自己编成一个个故事来安慰他们、启迪他们。告诉他们老师像他们这么大的时候，如何如何的不如他们。让他们觉得只要对自己有信心，那么就一定比老师有前途。这样就拉近了我与他们之间的距离。

我认为，教师的职责是要把每一个孩子教好。因此，我确立这样一个观念：转化一个学习困难生与培养一个优等生同样光荣。在班会的训练中，虽然我的心在流血，但我没有气馁。孩子跑了，我就一个一个地劝回来；孩子哭了，我就一个一个地开导。班会一遍不行，我们就来二遍；二遍不行，我们就来三遍。星期日不休息，中午不睡觉，晚上也是伴着月光让孩子们互送回家。孩子们的积极性被调动起来，当班会成型的时候，他们的脸上露出了成功的喜悦。

通过这次班会，我深深地体会到：每个孩子的身上都蕴藏着他独特的个人潜能，教育的责任就在于把潜能挖掘出来，并发扬光大，以不断提升孩子的生命意义。班会之后，我班"人人争先，个个为集体争光"的班风更浓了，班级纪律基本上形成了教师在与不在一个样的局面。在这之后，我曾经请事假一个月，孩子们基本上是自我管理，并在学校的六项常规评比中获得了四面红旗。在这样良好氛围的班集体中，在这个强大集体力量的感召下，孩子的潜能得到了极大地发展。

## 二、变"独裁、无序"为"民主、科学"

如果我们把班主任的威信理解为让孩子的绝对服从，那是对"威信"的亵渎与曲解。在这种"威信"的指挥下，孩子貌似"井然有序"，实则隐藏着巨大的心灵叛离危机。这种独裁式的管理最终必然导致管理上的无序，并形成一个阵容庞大的对立面。

素质教育要求我们充分调动每个人的积极性，挖掘每个人的潜能，让他们共同进步、共同发展，这些要求正好体现了教育的公平性原则和全体性原则。

要实现素质教育的目标，我们的班级管理必须民主而科学。民主精神的倡导，其根本意义是让每一个孩子都能健康地发展，其现实意义则是对学困生的关注与研究；科学的管理则是让这种"关注与研究"变为现实的保障。有一位青年学者说过这样一句话："只要有哪怕极少数的学困生在我们教育者的关注之外，那么我们所标榜的任何'素质教育'都不是科学意义上的素质教育，而只能是教育的耻辱！"

实施民主而科学的管理，我采取了以下措施：

（1）班委会成员通过竞选产生，以提高班干部在学生中的威信。

（2）实行班干部现任制，每个班干部负责一方面事务。每个孩子都要认认真真地为班级作好一件事，最终形成"人人有事做，事事有人做"的格局。

（3）班级奖惩制度由班委会提议并在全班讨论通过，由班干部负责执行、同学们监督执行。学期评比以平时的量化积分为基础，保证公开、公正。

（4）每堂课的课前都安排三分钟的名言推荐和十分钟的说话节目，通过这两项活动不断提高他们的思想素质和辨别是非的能力，提高其审美能力和口头表达能力等。

（5）班会课以孩子主持为主，讨论班级大事或他们关心的问题，形式力求多样化，以免孩子生厌。

（6）座位安排不搞特殊化，尽量照顾孩子们一致认为应该照顾的对象。

（7）成立"一帮一，共同进步"小组，以周为时间单位，及时总结，并反馈给家长。半学期一总结，评出优秀"共同进步"小组。

（8）改变一考定音式的评价方式，注重其发展状态，并从侧面关照。

（9）实施自习课无人看管制，提倡无声自习。

（10）在思想工作中，以表扬为主，尽量减少直接批评的次数，努力维护孩子的自尊。

总之，要尽我所能，让孩子在我的班上得到应有的尊重，获得自我塑造与发展的空间。尽管我们很不愿意提及学困生的字眼，但确实也回避不了这类孩子的存在。既然不能回避他们的存在，更不能排斥他们，那么我们就必须寻找有效的教育从而转化他们的对策。我班有一名学生小A，一提起该生的表现就会让人发怵：上学凭心情，来去自由，半学期旷课48节、迟到72次；上课找麻烦，教师正在讲课，他会突然跳起来，大谈规章的不合理以及学生没有自由等（他所谓的自由就是随便）；下课抽烟、打闹，随手扔垃圾更是家常便饭。教师找他谈话，他的态度极其恶劣，甚至"出口成脏"，有时还会对教师进行威胁。请他家长来共同教育，他却对自己的父亲喊道："你没有资格管我。"从小学到中学他都是一个混世魔王。说句心里话，这样的孩子谁遇到都会感到头痛。在与他的接触中，我发现他的智商非常高，数学成绩经常是全年级第一、第二名，但他又非常的自卑与不自信，由于在家庭和学校长期不被重视，才形成了这种阴暗的心理。我们教师如能洞察出孩子的内心世界，那无疑就找到了打开其心扉的钥匙，转化也就找到了突破口。根据该生的特点，我制定了转化计划。他的数学好，我就轻轻地拍一下他的头，当场赞许他："你有这么聪明的头脑，我相信你无论做什么事都一定会是很棒的。"如果他连续几天没有迟到，我就表扬他说："小A，这么远的路却能到校这么早，一定克服了许多困难。"当同学们掌声响起的时候，我发现他那生硬、冷漠的脸上有了笑容，眼里有了自豪。如果他有一堂课没有胡言乱语，我就把我的激励及时送上。在我一次次的表扬与激励中，我发现他迟到的次数越来越少了，各科的成绩也有明显的进步，更可喜的是他对各科任教师也明显地有了尊敬和感激之情，那玩世不恭、冷漠的脸上也有了喜悦之色。许言平老师曾经这样评价这位学生的转化："他的变化太大了，让我有点惊讶。"

　　美国心理学家威廉·詹姆斯有句名言："人性最深刻的本质就是希望别人对自己加以赏识。"他发现，一个没有受过激励的人，仅能发挥其能力的20%～30%，而当他受到激励后，其能力可以发挥80%～90%。可见，在转化学困生的工作中，表扬与激励是多么的重要。既然这样，我们又何必吝啬表扬呢？学困生一旦从教师一个赞许的眼神、一个真诚的微笑、一句由衷的赞语中意识到无限的温暖，就如同受挫折而焦渴的小苗吮吸甘甜的晨露，进而点燃希望之火，激发其茁壮成长的激情。

### 三、变"急功近利"为"志存高远"

应试教育的第一大恶果就是使众多教育者和受教育者变成急功近利者。人们在高学历效应和名校效应的驱使下，唯分数是瞻。尽管素质教育的春风早已吹遍神州大地，然而大学录取方式并没有根本性的变革，所以我们教育者只好戴着脚镣跳舞。

苏霍姆林斯基早就告诫我们："不要让上课、评分成为人们精神生活唯一的、吞没一切的活动领域。如果一个人只是在分数上表现自己，那么可以毫不夸张地说，他等于根本没有表现自己。而我们的教育者，在这种片面的情况下，就根本算不得是教育者——我们只看到一片花瓣，而没有看到整个花朵。"

当然，我的意图并非让孩子们放弃分数，而是引导孩子们不要总是将眼光盯在分数上。我所努力的一切，是想尽量发挥人格因素、团体因素和社会因素的作用，使他们的潜在能力得到较大程度地发挥（事实上，如果我们能做到这样，孩子们的分数自然也不会低）。在我们的班级管理中，只有管理者志存高远，孩子们才可能志存高远。我们要始终站在育人的至高点上，设计好每一个管理程序。我总是乐于向孩子们介绍一些古今中外成大器者，同时也关注身边一些平凡而高尚的人，以便为他们的人生铺上一层亮丽的精神底色；我乐于捕捉他们身上的每一个亮点，以便点燃他们奋发向上的激情；我乐于抹去他们心灵上的丝丝阴影，以便减少他们前进路上的羁绊；我乐于为他们架设一道道心灵上的桥梁，以便减少他们人生旅途上的孤寂。凡事从大处着想，凡事往前看一步。无论他们今后在什么岗位上，拥有一颗健康的心灵是多么重要，我们还有什么理由只偏爱分数呢？

少一些琐碎的念叨和空洞的说教，少用一些落后的价值观去衡量和约束孩子，我们要用自己的人格力量撞击孩子的心灵，在尽量保证他们积极向上的基础上，渴望多出几个大写的"人"，这将是我永远的追求和梦想。

# 为孩子打开看见自我的门

我从教29年，所带的班形形色色，但无论是何种状况，他们都会发展成为学校综合评定分数最高的班集体。我的经验表明，单靠传统的"管"是不够的。

**1. 构建教育共同体**

（1）责任利益共担，形成教育团队

如果班级管理的责任仅仅由班主任一人承担，对孩子进行心理疏导、情感激励、学法指导、日常管理，这样不但会令班主任感到力不从心、筋疲力尽，也会让科任教师认为自己是局外人，参与班级管理名不正言不顺，管多了还担心会引起班主任以及他人的误解。于是，班级的大事小情就只能全由班主任一人没日没夜地忙活，而科任教师的优势资源只能束之高阁，就形成了"一人干、大家看"的奇怪状况。因此，学校应该从制度入手，从整体出发，把一个班的所有任课教师组建成以班主任为核心、科任教师为成员，有分工又有协作的教育团队，让他们责任共担、利益共享。具体地说，可以把班级分成若干个学习合作小组，每个小组的思想教育、学习指导等由一位科任教师负责，班主任负责总体协调沟通、制定规划、着眼重点和难点问题的解决等。期末时，学校分析总结各班级教育教学绩效达示情况，要把班级所有任课教师和班主任的奖惩捆绑在一起，达到"一荣俱荣、一损俱损"的效果。从客观上把班级任课教师捆绑成一个整体，可以促进班主任与科任教师的团结合作，使他们心往一处想，劲往一处使，形成良好的班级管理局面。

（2）班级事物无小事，共参班级活动

班级管理表面上看没什么大事，好像就是一些婆婆妈妈的琐碎小事。其实不然，每一个教育过程地实施都关乎每一个孩子能否健康成长。有时，一个阶段、一次活动、一件小事处理不当都可能影响孩子的一生。教育工作如果只是由班主任一个人独自承担，势必出现想得不周到、做得不完美的情况，同时还会让科任教师大有事不关己、不被尊重的感觉。因此，班主任在班级工作计划的拟定、班级干部的选拔与培养、学困生的转变、评优评先、学生鉴定，以及大型活动的策划等工作中都应征求科任教师的意见，尊重他们的建议，让他们参与进来，担当重要角色。这样就会极大地激发他们关心班级工作的热情，增强他们的主人翁意识，使他们感觉到自己就是班级教育团队中不可缺少的重要一员。

（3）适时赞美欣赏，共树教师形象

班主任和科任教师应该相互捧场，共树在孩子心目中的良好形象。古语有云："亲其师，才能信其道。"孩子只有喜欢他们的老师，才能学好他们所教的学科，才能更好地接受他们的教导。教师之间最忌相互拆台、相互贬低，在孩子和家长面前有意无意抬高自己而贬低其他教师，这样不仅降低了其他教师在孩子心目中的地位，也损毁了自己的良好形象。一旦教育团队之间的团结出了问题，班级工作就只能是各自单打独斗，一人唱独角戏了。科任教师会感觉到自己在教育教学中遇到的问题很难与班主任沟通，很难及时有效地解决各种棘手问题；班主任会感到自己太势单力薄，缺少帮手。班主任和科任教师应在适当的时机，不留痕迹地向家长和孩子们介绍其他任课教师教育教学的业绩和特长，树立他们的威信，使孩子们喜欢他们的老师，喜欢他们的教学，喜欢他们的教导。看似不经意的彼此赞美，有时却能迅速拉近教师彼此间的距离，增进教师与学生的情感，达到三方共赢的良好效果。

（4）互通教育信息，相互支持配合

开展班级工作，班主任应当随时掌握各种有价值的信息，经过甄别和归纳，有针对性地开展工作，从而取得理想的工作效果。这些信息的来源，除从孩子方直接得到一部分外，许多信息如学生在学科学习中的具体表现（思想动态、学习积极性、学习能力及创新与合作精神等）和学科教学过程中班级的整体班风表现及倾向（组织纪律、学习氛围、教学质量等）还要从科任教师那里获取。班主任对孩子个体和整个班级的状况了解越全面、越客观、越切合实际，工作越会有的放矢，越有成效。再有，科任教师在教学活动中对孩子进行有针对性的指导和教育也是对班主任工作的重要补充。

科任教师的工作更需要班主任强有力地支持与配合，因为良好的班集体是实现学科教育教学目标的根本保证，其关键在于班主任这个教育团队领头人的能力发挥。也就是说，支持班主任工作实际上就是支持自己的工作。班主任跟孩子接触的机会和时间远多于科任教师，掌握的教育信息更全面、更深入，更有利于把握教育孩子的分寸。科任教师应不断与之取得联系，搞好合作，取得班主任的支持与帮助，全面了解学生的状况，和班主任一道对孩子给予关爱、关注和恰当的教育。

科任教师要想与班主任合作得好、合作得愉快，首先应明确认识，充分认识良好的班级管理机制和班级氛围是每一位任课教师取得良好工作效果的基础；其次是工作要积极，主动参与班级管理和有关活动，承担相应的工作；第三、承担起本学科课堂的管理职责，在经常与班主任互通工作情况及有关信息基础上自觉处理好各种问题；第四．认真研究教学策略和教学方法，提高教学效果，不拖班级后腿；第五，深入分析孩子现状，自觉抓好学困生的转化工作。

（5）共学先进理念，找准教育角色

教师应该是孩子思想的引路人、能力的培养者、心理的疏导者、情感的激励者、人格的守护者和发展平台的搭建者，应秉承"以孩子为本"的理念，让每个孩子都能得到全面发展。班级所有的任课教师应在共同学习的基础上，对先进的教育理念取得共识，使每位教师的教育目标达成一致，教育方式方法不发生相互冲突。这样，教育团队的工作就能相融相通、相互促进、共同提高。

**2. 扬长顺便补短**

包装批评语言，重视表扬，搭建孩子展示个性的平台。我班有个男生非常情绪化，和其他孩子的美术联考中没有画完就不画了，成绩可想而知。美术老师向我告状。得知此事之后，我找到了这名男同学，并没有批评他，而是和他说："孩子，你知道吗？阅卷的老师是我的一个朋友（其实我根本不认识，为了增强他的认识感我才这么说的），他给我打电话说我班出现了一匹黑马，那画画的感觉非常好，是他很少见到的画画奇才，如果可以稳定情绪，再加上勤奋，前途不可估量。"他听完我的话之后，连眉毛都笑了，当即表示一定好好学习，学会控制自己的情绪。后来高考中，这个孩子以优异的成绩考上了广州美术学院。

### 3. 策划触动心灵主题班会

教育只有触动心灵才能引起心灵的震颤，在一次又一次的心灵震颤中，生命才会变得晶莹而美丽。如我与学生策划了"感恩""手心向下永远比手心向上快乐""性命——性格决定命运"以及"梦想创造未来"等主题班会，在心灵深处唤醒学生。

### 4. 实施自习课无人看管制，提倡无声自习

班级设立无批评日、无批评周，有了问题写自我反思，培养孩子的自我觉醒意识。

# 加强心理健康教育　做幸福教师

哲学家费尔巴哈说："人的第一责任是使自己幸福。你自己幸福，也就能使别人幸福。幸福的人，但愿在自己周围只看到幸福的人。"

精神需要滋养。现代管理之父彼得·德鲁克说："知识分子是不可以被领导的，只能被滋养。"

滋养包括物质滋养和精神滋养。精神滋养包括情感滋养、荣誉滋养和文化滋养。

灵魂需要净化和依附。灵魂安定人才能平静，心理才能健康。

## 一、心理健康的标准

认同自我、悦纳他人、适应环境、关系和谐。

内核——自尊。

外周——积极的情绪比消极的情绪多、主观幸福感比较多、适应感好（人际关系和谐）。

教师的心理健康标准：认同教师角色，有良好和谐的人际关系，能正确地了解自我、体验自我和控制自我，具有教育独创性，在教育活动和日常生活中能真实地感受情绪并恰如其分地控制情绪（乐观心态、不迁怒于学生、冷静处理不良事件、克制偏爱情绪、对学生一视同仁、不把工作中的消极情绪带回家中等）。具体地说：

### 1. 情绪稳定

情绪稳定与心情愉快的标志是处事表现出非常淡定与从容，努力做到"卒然临之而不惊，无故加之而不怒"。如果一个人经常愁眉苦脸、灰心绝望、喜怒无常，则是心理不健康的表现。心理健康的人能适当地表达和控制自己的情绪，一般愉快、乐观、开朗、满意等积极情绪状态总是占据优势，虽然也有悲、忧、愁、怒等消极的情绪体验，但一般不会长久。

**2. 意志健全**

意志健全的标准是行动具有自觉性、果断性、坚持性和自制力。心理健康的人总是有目的地进行各项活动，在遇到问题时能经过考虑采取果断决定，善于克制自己的冲动。

**3. 行为协调统一**

一个心理健康的人，其行为受意识支配，思想与行为是统一协调的。如果一个人行为与思想相互矛盾、注意力不集中、思想混乱、做事杂乱无章，就是心理不健康的表现。

**4. 人际关系适应**

人与人之间正常的、友好的交往不仅是维持心理健康的必备条件，也是获得心理健康的重要方法。怎样做到人际关系适应呢？

（1）正视自己、善待自己、接受自己，别跟自己过不去。

（2）悦纳他人："喜欢你就是喜欢我自己""看别人不顺眼是自己修养不够""己所不欲，勿施于人"。

（3）与人交往不卑不亢。

第一，与家长交往要点有：

① 把握好度，不能像批评孩子那样训斥家长。

② 让其感受到孩子是他们的孩子，但也永远是我们的学生。

③ 在孩子有了进步时交谈。

④ 不要在众人面前批评他的孩子。

第二，与同事交往要适时赞美，相互补台，绝不拆台。

第三，与孩子交往要学会倾听和赞美，不要吝啬表扬，好孩子是夸出来的，不要与孩子真生气，具有"悦纳教育"思想。

### 5. 适应能力良好

心理不健康的人往往以幻想代替现实，不敢面对现实，没有足够的勇气接受现实的挑战，总是抱怨自己"生不逢时"，或者责备社会环境对自己不公而怨天尤人，因而无法适应现实环境。

### 6. 心理行为符合年龄特征

提高自己的生活质量，要学会以下3点：

（1）如何爱自己；

（2）如何爱别人；

（3）如何处理人际关系。

# 二、压力

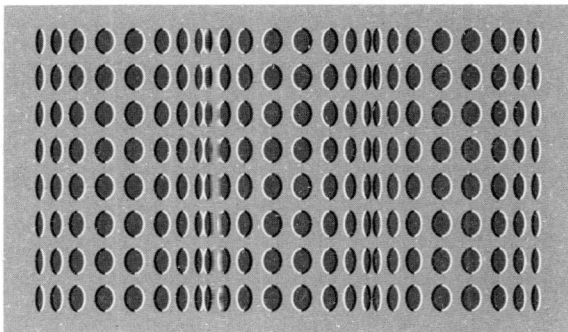

图1　压力测试图

正面观看此图：几乎不动——缺乏压力；快速转动——压力过大。

## （一）压力的两面性

适度的职业压力将会激励人，激发工作的潜能，促进能力的发挥，提高工作效率。过高或太低的职业压力都会减损工作者的工作效率，并造成士气低落、工作成效不明显的反效果。

职业压力程度与工作表现的关系呈倒U型。

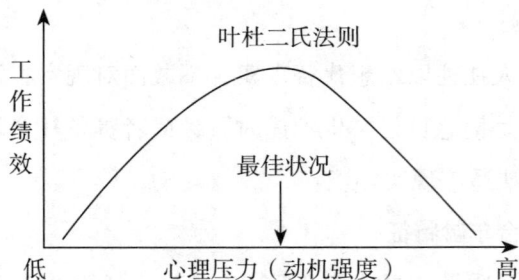

图2　职业压力和工作表现的U型图

## （二）高压力者经常出现的身体症状

容易疲劳84.9%；感觉沮丧、压抑60.5%；焦虑50%；头痛或感觉头皮发紧50%；记忆力下降48.8%；脑中乱糟糟的，或是一片空白43%。

## （三）什么是压力

压力是人对紧张性刺激应付不了的身心反应。

同样的生活事件、心理和社会文化因素成为刺激物，若不能承受，可能引起心理—生理功能紊乱。比如，有位教师说："今天下午我要给全市数学教师上公开课，我觉得精神好紧张，昨晚一宿没睡，现在手心还出汗。"这种心理—生理紊乱的感受就是压力。

## （四）压力的种类

（1）急性压力：由消极生活事件引起。

（2）慢性压力：由日常烦扰引起。

（3）生理压力：与自身生理器官或系统有关（基本）。

（4）心理压力：与个人认识和情感有关（主观）。

（5）社会压力：与社会关系网有关（客观）。

## （五）压力的来源

### 1. 生活事件

人们很难有效地应对生活方面的突然变动，也可以说是人们遭遇的足以扰乱心理和生理稳态的重大变故，主要指消极的事件（坏事），具有非连续性、有比较清晰的起止点、可以预测、破坏性等特点。有家庭关系类、个人生活类、社会环境类和自然环境类。

**2. 日常烦扰**

个人在日常生活中碰到的一些小麻烦和小问题，分为生活的困扰和长期社会事件带来的烦恼，如人口膨胀、交通拥挤、工作竞争等。人有时会失去与他人或集体良好的、亲密的联系以及社会支持，处于孤立无助的状态，此时会有严重的无助感和焦虑、愤怒、怨恨、忧郁和绝望等紧张情绪。

**3. 心理困扰**

包括个人的心理冲突、动机或行为的挫折、个人期望值过高、完美主义、对过去经历的追悔等，这种困扰是当前的，也可能是过去的或将来的。

一个人在痛苦中挣扎时，往往认为全世界就只有自己一个倒霉蛋。其实，拥有同样痛苦的人有很多，还有人比现在的你更为烦恼，同他们相比，你还是比较幸运的。有些人一眼看上去似乎陶醉在幸福里，实际上却遭受着许许多多的不幸。

**4. 工作压力**

指在工作过程中，由与工作相关的心理因素、社会支持因素、组织情景因素引起的，使自己的需要或目标受到威胁的紧张感受。其主要原因是缺乏职业幸福感，教师工作压力引起的负面情绪。

（1）痛苦：最普遍、最一般的负性情绪。

（2）悲哀：失去热爱的对象或期盼的事物幻灭时产生的痛苦。分为遗憾、失望、难过、哀痛，程度取决于失去对象的价值。

（3）愤怒：分为不满意、厌恶、愠怒、大怒、狂怒。

（4）抑郁：心境持续低落，可能萌发自杀念头，不抱希望、缺乏信心、闷闷不乐等。

（5）恐惧：如害怕上课、害怕评比等。

（6）焦虑：莫名的担心、紧张不安、无对象的忧愁等。

（7）敌意：不友好和曾恨的情绪，由愤怒转化而来，内心极度不平衡。

（8）羞耻：无言以对、无地自容，企图自我消失。

（9）内疚或悔恨：如觉得对不起家长等。

（10）自怜：对自我感到惋惜、怜悯的情绪，认为被愚弄，缺乏自尊，常独自哀叹。

### 三、对抗压力的技巧：平静、平和

斯蒂芬·科维在《高效能人士的七个习惯》中提出了四个象限理论。

第一象限：紧急并且重要的事情，如危急、急迫、有期限压力的计划。

第二象限：重要但非紧急，如长期计划、交际、防患于未然的工作、建立联系等。

第三象限：紧急但非重要，如某些电话会议、不速之客、某些报告信件等。

第四象限：既不紧急也不重要，如有趣的活动、某些信件电话、繁琐重复的工作等。

事情就像漏斗里的沙子，而我们只是那个小小的漏嘴，每次只能有一粒沙子通过。既然如此，何必烦恼呢？烦恼并不能使事情减少，相反它会降低我们的办事效率。只要按秩序将沙子一粒粒地漏下去，沙子迟早会漏光。

（1）认知调控

本质是纠正自己不合理的信念。

埃利斯的ABC理论：该理论认为，使人难过和痛苦的不是事件本身，而是对事情的不正确解释和评价。事情本身无所谓好坏，但当人们赋予它自己的偏好、欲望和评价时，便有可能产生各种无谓的烦恼和困扰。

不合理信念对教师心理的影响：

产生自卑心理和悲观情绪；

产生猜疑和嫉妒心理；

产生冷漠和压抑心理；

产生过分自责和自我诅咒心理；

产生对周围人的敌视心理，并责骂别人。

教师需要重构理性思维，可以通过反省努力发现自己是否产生了某种不合理的信念。如果知道自己有非理性的习惯性思维，就要认真对待，有意识地进行调整，在头脑中重构新的信念。

"观念一变天地宽。"

（2）心理调节

① 宣泄

压力所产生的危害在身体中逐渐积累，由量变到质变，要尽早意识到它，在危害还没有完全出现之前就提前释放出来。宣泄法就是自由表达受压抑的情绪，让积郁的情绪发泄出去，让紧张反应松弛下来，达到身心平衡、缓解压力的效果。

躯体宣泄：到无人僻静的地方大喊大叫、大哭一番，或用劲奔跑，或击打物体，让泪水自由流淌。俄国心理学家舒尔曼说："流眼泪是去除忧愁、走向快乐的有效办法，强忍眼泪恰恰会造成情绪压抑。2008年，参加抗震救灾的钢铁般战士大哭一场，对心理健康起到了积极作用。"

心理宣泄：通常有写日记、写博客，让情绪在指端或笔端发泄；向同学、好友、亲人当面或电话倾诉；向心理咨询师倾诉或求助。选择自己绝对信赖的人、选择自己在他面前可以绝对放松的人、选择那些可能会对你有所帮助的人，选择良好时机、安静的环境，真诚感谢对方，切忌犯祥林嫂式的错误。宣泄不能当着孩子的面，不能损害他人或社会的利益。

② 转移

情绪置换：为了减轻心理压力，可采取回避刺激，转移自己的兴趣或注意力到其他对象上去。

环境置换：必要时离开引起痛苦的环境，如外出旅游、调换任教年级、调整办公室等。

③ 控制

控制愤怒：愤怒源于不合理信念。一个不会愤怒的人是庸人，一个只会愤怒的人是蠢人，一个能够控制自己情绪并尽量不发怒的人是聪明人。

控制焦虑：焦虑情绪症状为烦躁、精力不足、难以集中精力、易怒、肌肉紧张、呼吸急促、难以入眠等。应认识到自己的不合理信念，做深呼吸、放松练习，运用分心、转移和娱乐方法，放弃一些不合理信念。

④ 箴言

全面：这方面不好那方面好—代偿；我很丑，但我很温柔；我个矮，但我很灵活；我嘴笨，但我手很巧；我人穷，但我志不短；待遇不高，人际关系好，舒心；能力不强，人品好；身体不好，脑子好。

⑤ 转化

现在不好将来好；否极泰来；塞翁失马；祸兮福所至；柳暗花明又一村；车到山前必有路；没有永久的敌人；没有不散的阴云；逝者已矣，来者可追；冬天到了，春天还会远吗；积小胜为大胜，由量变到质变；真正带给我们快乐的是智慧，而不是知识。

⑥ 不要完美主义

完美主义的表现：总担心任何微小的瑕疵损害自己的形象；担心自己的事情不完善；害怕做不好而导致一般工作不能胜任；对自己无缘无故地苛求；对别人不明不白地吹毛求疵；人际关系紧张。

完美主义的危害：忧郁沮丧、恐惧焦虑、愤怒、推延行为、强迫行为、饮食失调、睡眠障碍、身心疾病，甚至自杀等。

减轻完美主义的办法：检视迫使自己追求完美的来源，认识前述危害；每天起床和睡前大声说："我接纳自己的不完美""我爱我自己"等；宽恕自己的错误与缺点；学会既看过程又看结果的思维方式；学会放松技术；改变不合理信念。

⑦ 让自己快乐

寻找快乐，从繁忙琐碎的工作、生活中发现快乐，并将它们记录下来，对不快乐的事情视而不见。

让快乐成为习惯；让自己的身体和心灵保持在活跃的状态；试着不要推延事情，养成今日事今日毕的习惯；对别人谦恭有礼，不要总是用挑剔的眼光看人，投之以桃，报之以李；不要老是批评或责备别人，不要总是以正确者自居，要明白需要改变的并不是别人，而是自己穿着优美整洁，以得体的仪表亮相人前；尝试着帮助别人，实际上是在帮助自己鼓起勇气面对各种你无法改变的现实，每天抽空做一些自己喜欢又可以减压的事情，如上网、听音乐、聊天、散步等，为自己的明天构想一件美好的事情。憧憬和希望是一剂良药，将"快乐"作为一种防御机制，对前途充满信心。即使对生活不满意，也会找到理由高兴、获得满足，正如谚语"能够在每片乌云上找到光亮的边沿"。

心理学研究发现，乐观可防止疾病的产生，通过复杂的机制改变生理参数或改变不良行为，乐观情绪具有自愈功能（如对癌症、心血管病等）。正向眼光，必有光明（以积极的心态看世界）。

⑧音乐疗法

音乐是一种艺术，能形成心理动力，具有激起人们情感的功能，可改善心理状态，达到心理调节目的。

民族音乐：《喜洋洋》《春天来了》《花好月圆》《步步高》《狂欢》《金蛇狂舞曲》《军港之夜》《平湖秋月》等。

国外名曲：德彪西《大海》、亨德尔《水上音乐》、施特劳斯《蓝色多瑙河》等。

⑨人际交往调控

不争论，不指责，不抱怨，不背后议论他人，也不传播别人对你说的话。"祸莫大于纵己之欲，恶莫大于言人之非。"

真诚赞赏别人，承认自己的不足，做一名好的听众，鼓励别人多谈他自己；宽恕别人的错误，和谐人际关系的准则，不讨厌那些曾经与你争论或批评你的人；不随便拒绝人，也不随便答应人，不轻易许愿吊胃口；绝对不去搜集同事、学生和领导在背后说了你什么；不急于表现自己，也不急于纠正别人；再听听，再看看，再思考思考；绝对不接受煽动、不接受挑拨，绝对不因A的煽动而与B为敌；相信自己的感觉，对一个人或一件事感到意外时，先从好处想想，至少在客观上对你无损，不要立刻充满敌意；绝对不在公开场合大谈别人说了你什么；不嘲笑别人，人各有所长，也各有所短，给别人留面子和有台阶下；不要分等级待人，一视同仁，不卑不亢，既不巴结讨好，也不傲慢自居；不要了解自己不应该知道的事情，不可多嘴；切忌显摆自己曾经有恩于他人，应常提受人恩德的事；健康的生活方式减轻教师的工作压力；调整饮食和休息；休闲（锻炼、旅游）；做好时间管理；控制物质成瘾（药物、吸烟、饮酒）；调整饮食和休息，营养学家和心理学家经过几十年的研究发现，食物因素对人的心理状态尤其是情绪有较大影响，让食物帮助你打理不佳情绪，消除心理障碍。

摄入含糖量高的食物，对抑郁、紧张和易怒有缓解作用；新鲜香蕉帮助大脑产生5-羟色胺，使人的心境变得安宁、快活；富含VC的新鲜水果蔬菜有利于调节心情；富含VB1的食物（鱼类、牛肉、土豆、谷物、葵花子等）能缓解抑郁减轻焦虑、疲倦、失眠及头疼症状；绿茶含有抗氧化剂，可延缓衰老。

几点饮食建议：第一，有胡乱猜疑心理的人多吃蛋类、鱼类、牛肉、猪肉及牛奶制品等高蛋白食物；第二，与周围格格不入的人少吃盐，多吃鱼类，经常吃绿色蔬菜；第三，有消极依赖情绪的人节制吃甜食，多吃富含VB和含钙高的食物，如大豆制品、猪羊肉及鱼类；第四，有暴躁易怒情绪的人少吃零食，少摄取盐分和糖分，多吃富含VB的食物，如茄子、南瓜、豆芽、香蕉、苹果、油菜、土豆、海产品、牛奶制品等；第五，有抑郁、恐惧情绪的人多吃干果、柠檬、生菜、土豆、全麦面包、燕麦片等。

高质量的睡眠有助于减轻压力。世界范围内38%的人有睡眠障碍，80%的人认为睡眠障碍来自压力。评价睡眠质量的好坏，要看第二天是否感到精力充沛，是否有不舒服的感觉。

正常情况下，从决定睡觉到闭眼入睡，持续时间不到10分钟。

保持高质量睡眠的方法：第一，挑战不合理信念，不必担心今晚睡不着明天就都被毁了，要宽待自己；第二，不要轻易服用安眠药，避免药物依赖成瘾，产生抗药性，不把睡眠改善归功于药物；第三，营造有利于睡眠的环境，安静、光线黑暗或柔和、空气好、温度适宜；第四，关注放松而不是睡眠，暗示自己放松是目标；第五，养成有规律的睡眠习惯，重视子午觉，午睡可防止早衰，协调生物钟和生命周期，但失眠的人不要午睡，以免加重晚上的失眠；第六，明确对睡眠的认识误区，不是睡眠越多越有益于健康，睡眠不能储存和预支，熬夜等于透支生命。

洗浴有助于减轻工作压力。最简单、最放松的休息方法，就是洗热水澡、热水泡脚。水温40℃能提高神经系统的兴奋性，促使血管扩张，加快血液循环，改善身体组织和器官的营养状态，降低肌肉的张力，使肌肉放松，从而使自己有一个轻松舒适、神采飞扬的感觉。

休闲有助于减轻工作压力。休闲作为"愉快疗法"，能够对情绪产生积极影响，二者呈正相关。

心理学家总结的10项休闲方式有看电视、听音乐和收音机、阅读和学习、业余爱好、社交活动、运动锻炼、观赏活动、宗教、义务劳动、度假和旅游。

体育运动有助于消除负性情绪。每天运动1小时，健康工作40年，幸福人生一辈子。

心理学家塞耶（Thayer，1989）发现，散步10分钟，可以在随后的2个小时内精力充沛，减轻紧张和疲劳感；锻炼1小时，普遍感到精力充沛，紧张、烦恼、抑郁、疲劳感减少。"八分生活"，即睡八小时、喝八碗水、走八千步、吃八分饱、说八分话、干八分活。

80%的医生认为，体育活动是治疗抑郁症的有效手段之一。慢跑、散步等中低强度的有氧运动能抗抑郁、焦虑，减轻症状，增强自尊心、自信心。

有氧运动的心理收益：增加自控、自主和自我满足感；增加自信心；改变身体形象和自尊；改善工作压力下的大脑活动节奏；改善心理功能，提高注意力水平和效率；宣泄在人际交往中的不良情绪；降低压力，摆脱轻度烦恼。

旅游有助于解除负性情绪，荒野是心灵的解毒剂——森林疗法。

旅行能够疗伤，可以感受大自然的美丽，得到心理上的满足；旅游促进交往，提高审美情趣。

请相信！工作或成就不过是个人能力的一部分，工作是为人的幸福生活服务的。工作的成就体验也是幸福的源泉，枯竭不是世界的尽头，只是人生的交叉路口，灯枯油尽的一天孕育浴火重生的时刻。

总之，要想超越压力，首先要能超越自我。如果一个人活在患得患失的小我的狭窄圈子中，压力会始终与之相伴，相反，如果一个人能够拥有一种大的宇宙情怀，压力感也会减少！入世的努力，出世的心态，压力和压抑本身就是主观感受，给"存在"以理由或意义是缓解心理压力和解决心理问题的重要源泉，超越压力就要能超越自我。

教育篇

家教篇

教学篇

感悟篇

管理篇

# 唤醒"装睡"的人　助推学教方式转变

　　近几年来，深圳市福田区中小学积极推进"转变教与学方式，构建自主高效课堂"的新一轮课堂教学改革，表面平静的福田教育暗流涌动，以势不可挡之势，正逐渐汇成江海，可谓静水流深。在这场课堂教学改革的浪潮来袭之际，大部分教师积极投身到课改的洪流之中，但也不难看到：不知所措者有之，故步自封者有之，隔岸观火者有之，冷嘲热讽者有之，激烈反对者亦有之。究其根源，主要是对我们倡导"课改"主旨的理解还欠准确，对于转变教与学方式的必要性和紧迫性缺乏深刻的认识。

## 一、为什么转变

　　深圳中考科学试卷中有这样一道题："请你将混合在一起的碳粉和铁粉分离。"我们发现，很多孩子的试卷这道题的答案部分竟然是空白！将这道题拿给小学三年级的孩子作答，孩子们想出了很多分离的办法：有的说用吸铁石吸，铁粉被吸出而碳粉不能；有的说用嘴吹，碳粉被吹跑而铁粉留下；有的说把他们放在水中，铁粉沉淀而碳粉浮在水面，等等。为什么三年级的孩子会答而我们初三的孩子却放弃作答？是不会还是不敢？难道经过几年的教育，我们把孩子的思维束缚住了吗？这样束缚孩子思维的教育要不要转变？

　　听说一位外籍教师观摩一堂由我们一位优秀教师执教的课，孩子们对答如流，如行云流水，完美至极，毫无瑕疵。课后这位外籍教师紧锁双眉，提出了这样的疑问："孩子没有了问题，那么教学还有什么意义？"外籍教师的诘问应该引起我们深思：教学是应该采用"产生问题"的策略还是"去问题"

策略？

英国有一位优秀的数学教师，教学成绩优异，深受孩子们欢迎，取经者纷至沓来。令人惊奇的是，这位优秀数学教师竟然不是学数学的，他的数学水平很一般，甚至可以说较差，那么为什么他能教出优秀的学生呢？他的"灵丹妙药"是：让学生自学后，再讲给他听，等到他听明白了，再让那个孩子给全班同学讲。无独有偶，有一位中国高中学生的家长，孩子的数学成绩不理想，于是向一位教师取经。这位教师给他出了一个主意："让孩子把作业讲给你听。"这位家长说："我听不明白呀，怎么办？""你硬着头皮听，听不明白也要听。"过了一段时间，这个孩子的数学成绩奇迹般地上来了，并且由于数学成绩的提高带动了他的自信心，其他学科成绩也直线上升。这两个例子只说明一个问题："无它，唯参与尔！"有一次，我到一所学校观课调研，从走廊通过时不经意间看到一个班级有十几个孩子在酣然入睡。那是一堂语文课，教师讲得不可谓不起劲，滔滔乎思如泉涌，洋洋兮笔走龙蛇，真可谓煞费苦心！可孩子们却不为所动，原来，孩子们只是做"听客"与"看客"，长年累月固定的模式如催眠曲，很难激起他们的学习兴致。我们是否应该考量：是让孩子当"观众"好呢，还是让孩子当"演员"好？

一位老教师讲了这样一个真实的故事：她的女儿参加国内文科高考，没能考取，后来不得不留学英国。在英国，她改学了有理科背景的信息技术专业。不到半年，家里来了一封就读学校发来的贺信，信中说她的女儿在计算机软件设计方面有重大发明，问他们专利以谁的名字命名。谈完女儿的经历后，这位教了一辈子书的优秀教师不无感慨地说："看来，我们让孩子学多了！"我们是不是应该思考：我们的教学目标什么是第一位的？孩子们到底应该学些什么样的知识？陈述性的知识、程序知识，还是策略性知识？我们如何给孩子更多自我思考的空间和时间？如何让孩子拥有属于自己的、独特的、运用自由的"思维工具箱"？

如果我们让孩子学摄影，按照传统的做法，教学流程一般是这样的：介绍相机的发明与使用的历史，展示相机的种类，学习常见的相机及其结构、功能，讲解相机使用步骤、使用技巧和注意事项，最后才让学生亲自操作。这样下来，没有个把月是难以完成的。可是当孩子们操作时，不会用相机的还是一头雾水。如果我们换一种教学思路，把相机直接发给孩子们，告诉他们一星期后进行摄影作品展，那么孩子们就会自己去琢磨、去拍照，有问题就会主动请教老师，因为孩子有实际需要了。我们是否应该思考：学习有关相机的那些知识有那么重要吗？我们都会使用电脑，可是又有几位懂得电脑的原理呢？教学目标究竟应该怎样设定？知识和技能的目标应该排在第一位吗？

综上所述，转变教与学的方式势在必行，是当务之急。因为不转变不足以让孩子享受学习的幸福与快乐，不足以一扫死气沉沉的课堂阴霾，不足以改变教师职业倦怠的现状，不足以挖掘孩子潜在的能力，不足以培养多样化的、具有创造力的人才，不足以迎接更加激烈的世界竞争。

## 二、转变什么

教与学方式的转变应该是一种倡导，是"课改"或"改课"的必由之路，切不可把它当成一种模式给固化了。教学方式没有最好的，只有最适宜的。我们应该抓住转变的核心，抓住主轴。我们要转变的核心是由重"教"向重"学"转变；由重"陈述性知识"向重"程序性知识"和"策略性知识"转变；由重"结果"向重"过程"转变；由重"听中学"向重"做中学"转变；由重"单向信息传递"向重"多向信息交流"转变；由重"学优生"向重"全体学生"转变；由重"科学教育"向重"科学与人文并重教育"转变；由重"文化学习"向全面发展转变。一句话，就是要把时间还给孩子，让孩子真正成为学习的主人。当然，把时间还给孩子，并不是教师撒手不管，也不是把教师"说"变成让孩子"说"，而是应加强学法指导，让孩子学会"在做中学"的教学策略。只有抓住这些核心，不被某种模式套死、套牢，积极采用自主、合作、探究的教学方式，才能应付自由。

## 三、怎么转变

### 1. 转变的过程

"凡事预则立，不预则废。"教与学方式的转变同样要有规划，要分阶段、有步骤、循序渐进地进行。转变大体上需要经历三个阶段。

一是"仿",即模仿。没有模仿就无从下手,没有模仿就没有入门操作的根据。刚刚起步的时候,要多收集一些资料,多听听、看看别人的成功做法,认真研究,认真比对,结合学科特点、孩子的年龄特点和自己的特长与风格,确定自己可以参考、模仿的模式,从而进行大胆地尝试,做到"博学之,审问之,慎思之,明辨之,笃行之"。

二是"疑",即怀疑。在实际模仿过程中,要不断审视各个环节,敢于质疑,进行充分的可行性论证,去伪存真,不断调整和完善操作流程。

三是"创",即创新。汤之《盘铭》曰:"苟日新,日日新,又日新。"只有创新才能焕发新的生命力,才能不断向更高、更远、更深的境界迈进。照搬照抄别人的,只能走向新的僵化、新的死胡同。无论别人多么完美,都不一定适合你,不一定适合你的学科、你的学生、你的风格。要想让自己的教学走得更高、更远、更精彩,一定要进行只属于自己的"课体设计"。

**2. 把握几个重要环节**

教与学方式的转变要想转得好、转得有效,还需要把握几个重要环节。

（1）小组建设

小组建设是合作学习的关键,它包括分组、小组命名、组员分工、交流时孩子呈现样态的培训,以及组员的桌椅座位方向等。

① 分组。一般4~6人为宜,各学科要协调,最好不要一个学科一种分组方式,这样会使孩子频繁换坐位、换伙伴,不易形成默契合作与交流的学习型组织。分组可采用同质分组、异质分组或同质与异质混合分组（异质分组后再在小组内分成2~3个同质学习伙伴）。同质分组的好处是易于分层教学,孩子之间由于学习水平相当而容易相互尊重与沟通,弊端是学困生难以获得学优生的智力支持。异质分组的好处是可以发挥学优生的小老师作用,帮助学困生,但如果组织不当会出现学优生尽情表演,而学困生被压制的现象。福南小学金丽娜老师在采用异质分组的前提下,再分成2~3个同质小组,既获得了两种分组的好处,又避免了它们的弊端,可谓两全其美。

② 分工。小组分工要明确,应确立小组讨论的组织人、记录员、资料员、

首席发言人、第二发言人，甚至是专提反方意见的"反对人"。一段时间后，角色应互换。

③ 培训。培训包括组长组织技巧培训；合作方法（讨论、举例、引证、实验、诊断、归纳、演绎等探究形式）培训；问答时的语音、语速、语调、姿态、神态等培训，还有怎样提问题培训，以及学习结果的呈现形式培训，等等。培训不是做假，而是为了提高学习效率。这项工作非常重要，磨刀不误砍柴工。

④ 位置。小组座位的摆放有排排坐、圆形围坐、丁字形围坐、花瓣形围坐等多种形式。丁字形围坐较常见，因为它既易于合作学习，又不影响听讲。我在香港培侨小学看到花瓣形围坐的形式，孩子们也成为花儿中的组成部分，寓意深刻，美感十足，很有儿童气息，也便于孩子合作与听讲，是一种很好的创意。

（2）合作学习

合作学习首先要营造氛围，激发合作者学习的兴趣，建立支持性的课堂气氛，形成互助、民主、和谐、包容、进取的"生物场"，让孩子品尝到学习的快乐、品尝到合作学习的快乐。

合作学习的内容很广泛，不只限于课前预习和问题讨论。合作的内容包括讨论、制作、探究、实验、分别收集证据、共同完成实验报告等，要广开门路。

合作学习的基本要求：一要明确目标，自学时可以给孩子学习提纲，即"脚手架"，开始时"脚手架"要"细"且"密"，发挥它的引导作用，把孩子引进自学之门，再逐渐减少"脚手架"的"密度"，多给孩子自我独立的思考空间，最后要让孩子自己来搭"脚手架"；二是自我归纳，确定与组内同伴交流内容；三要碰撞激发，形成组内意见，以便进一步与其他组进行组间交流。

（3）交流展示

交流展示是很重要的一环，可以让全班孩子进行思想碰撞，交流学习心得，切磋学习方法，对学习内容进行"同化"（头脑中原有知识图式的扩充）和"顺应"（头脑中原有知识图式的改变）。更重要的是孩子在交流的同时，能够有机会展示自己的能力，品尝学习的成果，享受成功的喜悦，锻炼孩子表达、交流、分析、综合评鉴的能力，激发他们继续深入探究的兴趣。这个环节不要形式化，不要为展示而展示，也不必人人都上台，甚至"一个人吹笛子一个人捏眼"。

（4）提问

提问要有度，不宜太多，"满堂问"等同于"满堂灌"。

"满堂问"的危害：

一是牵着孩子的鼻子走，让孩子从小学就会揣摩、猜测他人的意图，学会察言观色，失去自我，失去自己的方向。

二是淹没了教学重点，挤占了孩子读书、思考、练习的时间，也限制了孩子的思维。

三是没有关注孩子，没有把孩子的思维纳入到教学中。

提问的问题要考虑"四度"：

一是要有开放度，问题适度开放，才能让孩子展开思维的翅膀，产生创造性的火花。

二是要有梯度，问题可分为记忆型、理解型和应用型，要由浅入深，循序渐进。

三是要有质度，要有价值，不一定要所有孩子都举手。

四是要有清晰度，题干部分要精练、短小精悍，既要思考自己的问题，也要想学生如何想这个问题。

（5）评价

评价的种类有很多，从激励孩子的时间长短分，可分为瞬时激励、短时激励和长时激励；从评价时效上分，可分为即时评价和延时评价；从评价阶段上分，可分为进行性评价和终结性评价；从评价方式上分，可分为定性评价和定量评价。但无论采用何种评价方式，其核心都应该是发展性评价，即评价的目的不是甄别和选拔，而应该发挥评价的诊断、规范、指导和激励作用，促进教师、孩子的全面发展。

对孩子的评价要特别注意即时评价，以及激励的长效性。我们经常看到有些教师随意在黑板上横竖画了几条线，随意给小组或评分。受到肯定的小组和孩子受到激励只是几秒钟，过后就没有成功的喜悦了。还有，教师不重视评价，不重视小红心、小红花、小红星等，孩子对得到这些奖励也不珍惜。有一次观摩一节音乐课，有个孩子回答对了问题，教师忘记给她小红心。下课后，小女孩急不可待地跑到教师面前："老师，我刚才回答对了问题，您没有给我小红心。""啊，对不起，这些都给你吧！"教师把剩下的小红心都给了这个孩子。孩子看了看，眼神很惊愕，没有拿盒子里的小红心，反而把脸上粘贴着的小红心也揭下来扔到了垃圾桶。看到这样的情景，我的脊背一阵阵发凉，这样被孩子轻视的评价还有什么作用？课堂不只是知识学习的殿堂，还应该是情感培育的圣殿。然而，这样的评价如何能培育孩子的情感？我看过一种有效的即时评价，值得借鉴。某教师做了很多分数牌，分为奖励个人和奖励小组的两种，每种都有1～10分不等的分值，孩子课堂表现好就给予适当的分数奖励，每周由小组长回收并统计计分，教师定期公布表现好的孩子和小组，并把这些成绩纳入孩子的综合评价。

对教学评价，可以从三个维度入手：

一是学生的欢迎程度；

二是目标的达成度；

三是专家的美誉度。

总体上讲一堂好课至少应该具备"三性"：

首先是生活性。与孩子生活实际、现代社会和科技发展现状相联系，让孩子感受到学的东西"有用"。

其次是生命性。孩子的生命个体得到充分尊重，真正成为学习的主人。

再次是生成性。生成的东西才鲜活，有生命力，才能激发孩子的灵感。

其核心是以学定教，它包含两个层面：

一是以孩子的实际情况决定教学内容，确定教学重点和难点，选择教学方法；

二是以学生的收获大小来衡量课堂效果的好坏。

具体地说，一节好课应该具备以下元素：

一是常态下的课，真实而无须排练；

二是孩子感兴趣的课，孩子乐学，能够享受学习的快乐；

三是有意义的课，学的内容与社会需要和个人发展的需要吻合度高；

四是组织得好的课，学生活而不乱；

五是生成大于预设的课，生成的才能闪现孩子智慧的火花；

六是参与度高的课，参与度高不只是表面热闹，还应该看孩子有没有沉静思考，要看孩子实际投入的程度；

七是达成度高，即学习目标的完成度高。最近几年，有人评价课堂教学时引用"教学效能"的概念，即采用《课堂教学流程网格图》来评价，可以借鉴。

总之，好的课令人荡气回肠、回味无穷；空洞的课如同嚼蜡，索然无味。

风起于青萍之末。这种从课堂教学方式入手的改革促使我们人人思变，人人行走在改变与创新的路上，它必将成为劲猛彪悍的大风，吹开深圳福田教育的新天地！老子曰："天下难事必作于易，天下大事必作于细。"转变教与学的方式，既是大事，亦是难事，我们应该从易处着眼，从细处入手，把教育做到精致、极致，把孩子们培养成有用的公民和更好的个体。

# 教与学方式转变的"六忌"

近几年，全国各地都在探索课堂教学改革，都在尝试教与学方式的转变。在教学实践过程中，我感到一些同行在课改过程中有存在一些偏差，为此，特提出教学改革探索的"六忌"，以为共勉。

**一忌临渊羡鱼**

"临渊羡鱼不如退而结网。"羡鱼，鱼永远不能成为你的。我们要行动，在行动中才能发现问题，才能进行行动研究，从而解决问题。空发议论者只能是"行动的矮子"。

**二忌邯郸学步**

学习别人的方法必须结合自己的特点，否则就只能是既没学会邯郸人的美步，连自己的走路方式也忘了，最后就只能爬着回家了。学习方式没有好坏之分，只要是适合的就是好的。奥苏伯尔认为学习方式有四种，即有意义接受学习、机械接受学习、有意义发现学习、机械发现学习。也就是说接受学习和发现学习都可以是有意义学习，也都可以是机械地学习，关键是要看对于什么样的学习内容，如何实施。所以，教与学方式的转变也要灵活，不能被一种观念套死、套牢，否则就真的成了"邯郸学步"。

**三忌浅尝辄止**

不要学了一点别人家的皮毛、一点"花脚猫"的功夫就误以为学到了精华，沾沾自喜起来，不肯深入钻研。比如，有的语文教师让孩子每人持有一本本属于教师的《语文教学参考书》，预习自学时，孩子把参考书的内容抄写到教科书上，上面写的就是圣旨，孩子们不敢改，就连有的教师有时候都不敢越雷池一步，参考书成为新的禁锢。这是一种浅显而错误的自学指导，其害无穷。

**四忌华而不实**

课堂看起来很热闹，"满堂问""连续问"充斥课堂，孩子情绪高涨，赞美声、欢呼声不绝于耳。可是果后一测验，孩子连基本问题还没搞清楚，为何？原来孩子没有自我思考的时间。我们转变教与学的方式，最终的落脚点是"高效"，它包含三层含义：一是高效果，即教学目标的达成度高；二是高效率，即用较少时间完成较多学习任务且质量高；三是高效益，孩子每节课的学习任务与他个人的终身发展及社会需要的吻合度高。所以，我们的教学要有高效果，同时也要有高效率和高效益。

**五忌千篇一律**

教学方法没有最好的，只有最适宜的。可以在做中学、游戏中学、活动中学、体验中学、探究中学，但也不应排斥在谈话中学、讲授中学。教师应该根据孩子的年龄特点、知识程度、学科特点、内容特点和教师风格选择恰当的教育内容，不能用一种方法否定另一种方法。课改，要从思想深处去改。理念不变，只是方式方法的改变只能是小打小闹。教师的思考要有深度，要有广阔的视域，否则无论课怎么上、用什么方法，都是一杯白开水。

**六忌增加负担**

我们的孩子学习任务本来就很重，课改的第一大任务就是减掉孩子过重的学习负担。每节课孩子的学习目标应该是什么，我们应该有"洗课"的概念，不要"眉毛胡子"一把抓，不分轻重缓急，不管有无大用，一股脑地都让孩子预习、背诵、笔耕不辍。孩子照猫画虎，把鸡蛋从箩筐中挪到了葫芦中。我们不要让孩子做"愚公"，搬那不可能搬得完的"太行山"。教学中，我们要学"智叟"，也要把孩子教成"智叟"。

# 课堂教学艺术

## 一、导入新课的艺术

**1. 直接导入**

开门见山，直接点题的直接导入可以使孩子迅速进入主题，节省教学时间。

例如讲《鲸》时，板书课题后问："鲸这种动物同学们很可能没亲眼目睹过，但它有多大？分为几大类？怎样呼吸？怎样睡觉？怎样生长？同学们默读课文后就会一目了然。"

**2. 直观导入**

教师通过实物、标本、挂图、模型、图表等教具，以及幻灯、投影、录像、电脑等媒体对与教学内容相关的信息进行演示的一种导入方法。

例如在学习《心脏》一文时，教师采用了直观教具导入法，出示电动心脏模型，让孩子用眼观察、用手触摸，当孩子看到模型上呈现出心脏收缩等状态时，教师让孩子描述心脏形状像什么、功能是干什么的，从而导入新课。

**3. 问题导入**

教师提出富有挑战性的问题使孩子顿生疑虑，引起孩子的回忆、联想、思考，从而产生学习和探究欲望的一种导入方法。

问题导入的形式多种多样，可以由教师提问，也可以由孩子提问；可以单刀直入，直接提出问题，也可以从侧面提问设置悬疑；可以由直接问句形式来呈现，也可以由"谜语"等形式来呈现。

**4. 情境导入**

教师通过音乐、图画、动画或者满怀激情的语言创设生动、有趣的学习情境，使孩子展开丰富的想象，产生置身其中、身临其境的感受，从而唤起孩子情感上的共鸣，使孩子情不自禁地进入学习情境的一种导入方法。

情境导入以"情"为纽带，给孩子以情感的体验和潜移默化的影响，起到"随风潜入夜，润物细无声"的效果。

例1：教读《听潮》时，一边在磅礴的音乐声中朗读课文，一边播放"海睡""海醒""海怒"等幻灯片，并伴以海潮涌动、拍打岩石的音响。

例2：《沁园春·雪》放映诗朗诵短片，欣赏这首气吞山河的壮丽诗篇，感受毛泽东诗词豪放的风格、磅礴的气势。

**5. 温故导入**

教师通过帮助孩子复习与即将学习的新知识有关的旧知识，从中找到新旧知识的连接点，顺理成章地引出新知识的一种导入方法。

它由已知导向未知，过渡流畅自然，适用于导入前后连贯性和逻辑性较强的知识内容。

需注意的是，这里所讲的旧知识不一定是指前一节课的知识，而是指与即将学习的新知识有联系的知识。

**6. 悬念导入**

在教学中，创设带有悬念性的问题，给孩子造成一种神秘感，从而激起孩子的好奇心和求知欲的一种导入方法。利用悬念激发孩子的好奇心，引发思考，启迪思维，往往能收到事半功倍的效果。

例如《画瓶子和罐子》的导入：为了调动孩子积极思考想象，进一步体验瓶和罐的形态特点，悄悄地在布袋里装上瓶和罐，让几位好奇的孩子把手伸进袋里摸一摸，感受它究竟是什么形状、有什么质感。孩子们个个都好奇地皱着眉，积极思考，互相讨论猜测。这时再让他们画出自己所感受到的瓶和罐不同的形状，孩子们兴致勃勃，画好的瓶罐竟比原有的更漂亮、更奇特、更新颖。在课堂教学中，通过置疑引起孩子的兴趣，从而得到乐画的效果。

**7. 经验导入**

教师以孩子已有的生活、学习经验作为切入点，通过激活与将要学习的教学内容有关的孩子的亲身经历，引导孩子学习新知识的一种导入方法。

例如由曾经有输液和验血经历的孩子介绍输液或取血的位置，其他同学聆听并思考，提出疑问。

**8. 故事导入**

运用故事导入，增强孩子学习的趣味性，引发学习的兴趣，使孩子的注意力高度集中，把抽象或枯燥的内容变得生动形象，使孩子接受起来更为容易。应该注意的是，故事内容必须紧扣教材内容，宜短不宜长，能说明问题即可。及时引导孩子分析，适时转入新知识的教学环节。

例如《为了他的尊严》的导入：一个晴朗的日子，一位富人正在门前悠闲着，嘴里还含着一支烟。突然从远处走来一个乞丐，并且还只有一只手臂，他走过来便向这位富人要东西，可是这位富人头也不抬便说道："给我把这堆砖搬走，我便给你20元钱。"这位乞丐很生气，认为是富人在故意为难他。那么，这位乞丐到底搬了没有呢？今天我们就来学习《为了他的尊严》一课。

## 二、运用教育语言的艺术

教学语言是语言的特殊形式，它是科学性、思想性和艺术性的统一。良好的教学语言应符合以下五条基本标准：

（1）准确明晰，具有科学性；

（2）简洁练达，具有逻辑性；

（3）生动活泼，具有形象性；

（4）通俗易懂，具有大众性；

（5）抑扬顿挫，具有和谐性。

## 三、提问的艺术

**1. 课堂提问的基本要求**

课堂提问的基本要求分为以下几点：

（1）所提问题要明确；

（2）提问要有启发性；

（3）问题要难易适度；

（4）提问要有普遍性；

（5）要认真答。

**2. 有效提问**

问题应具有一定的开放度，要有思维的坡度，可分为记忆型、理解型、应用型、综合型、评鉴型。

提问要有强度、有价值，不一定要所有孩子都举手。

思维要有清晰度。要思考自己的问题，也要思考学生如何想这个问题。

有效提问十戒：

一戒提问专叫学优生，省时省力又省心。

二戒提问专问学困生，哪壶不开提哪壶。

三戒以问代罚，为难孩子。

四戒不给时间，突然发问。

五戒模棱两可，节外生枝。

六戒越俎代庖，自问自答。

七戒不置可否，不给评价。

八戒大而无当，无从作答。

九戒只问一人，忽视全体。

十戒问如林，答如流，面上开花。

# 四、板书设计的艺术

**1. 板书的作用**

（1）突出教学重点与难点。

（2）有助于集中孩子的注意力，激发学习兴趣。

（3）概括要点，便于记忆。

（4）有助于梳理文章脉络或教学内容的结构和层次。

（5）规范正确的板书能为孩子做出示范。

**2. 板书设计的类型**

（1）提纲式

运用简洁的重点词句，分层次、按部分列出教材的知识结构提纲或者内容提要。

（2）词语式

通过摘录、排列教学内容中几个含有内在联系的关键性词语，将教学的主要内容、结构集中地展现出来。它的特点是简明扼要，富有启发性，能够引起孩子连贯性的思考和对教学内容的整体把握与理解，有利于孩子思维能力的培养。

例：桂林山水甲天下

水——静、清、绿

山——奇、秀、险

舟行碧波上，人在画中游

（3）表格式

表格式板书是将教学内容的要点与彼此间的联系以表格的形式呈现的一种板书。这类板书能将教材多变的内容梳理成简明的框架结构，增强教学内容的整体感与透明度。

（4）线索式

围绕某一教学主线，抓住重点，运用线条或箭头等符号，把教学内容的结构、脉络清晰地展现出来的板书。一般应用于游记、参观记等记叙文，以及高年级情节比较复杂的课文。这类板书指导性强，把复杂的过程化繁为简，有助于孩子理清文章的结构，了解作者的思路，便于理解、记忆和回忆。

例：草船借箭

明线：议箭→借箭→交箭（现象）事件

        线索→原因→经过→结果（亮胜）

暗线：嫉妒→暗算→刁难→失败（本质）

（5）关系图式（思维导图）

借助具有一定意义的线条、箭头、符号和文字组成某种文字图形的板书。

（6）关键词式

选择或总结出能准确反映教学内容的关键词。

例：《渔夫和金鱼的故事》

贪→贪→贪→贪→贪→结果

# 提纲导引　总题分述

## ——中学生物学学法指导的实验与研究

素质教育的要求和未来人才的标准是学会学习。自1996年7月我接受省教研部"高中生物学法指导的实验与研究"的教改课题以来，实验已经过了五个循环，进行了生物教学模式探索，形成了一种基本的课堂模式——"提纲导引，总题分述"的学习指导法。

## 一、指导目标

**1. 经过指导和培养，使孩子逐渐形成"总题分述"的学习方法**

用题单出示学习提纲，引导学生自我学习思路。通过自学教材，首先理清编者的整体思路，构建整体知识框架，建立知识体系，然后再分层分步，逐个研究解决知识点，最后归纳总结，形成完整准确的知识体系。这样做可以保证学生清楚每一问题在整个体系中的位置，明确与其他知识的联系，对知识学习做到思维明晰、脉络分明。

"总题分述"本是逻辑学术语，它的思维方式完全符合系统论的整体性原理。系统论指出："研究系统的功能，不能单纯地、孤立地抓各个要素的特点和作用，应力求从整体着眼，从结构出发，提高（强化）各个要素在整体中的功能。"系统论特别强调系统的整体性，强调系统的整体功能大于各要素之和，提出整体法（整——分——合）。"总题分述"就是系统论整体法在生物教学实践中的一种尝试。例如学习"植物个体发育"一课，指导提纲以"总题分述"的思维方式引导学生思维。提纲引导的第一层次是子房发育成果实；第二层次是子房中的子房壁发育成果皮，子房中的胚被发育成果实中的种子；第三层次是胚珠的珠被发育成种皮，胚囊发育成种皮包被的胚和胚乳；第四层次是胚囊中形成的受精卵发育成胚、受精极核发育成胚乳。这样由整体到部分，由外及里，层层"剥皮"，重点突出，思路清晰，便于记忆，便于理解。

**2. 使学会记忆技巧**

在教学中，我把培养孩子的记忆能力作为一项非常重要的任务来完成，指导孩子掌握"字面记忆法""重点突破记忆法""口诀记忆法""图表记忆法""对照记忆法""联想记忆法"等。

"字面记忆法"是指把名词概念内涵高度概括并字面化，或是将其本质特征的形象表现，如"内呼吸""外呼吸""染色体""有丝分裂""减数分裂""向光性""顶端优势""质壁分离"等。"内呼吸"和"外呼吸"抓住其"内"是内环境的"内"，"外"是外环境的"外"的含义，这样其内涵就很容易理解和记忆了。

"重点突破记忆法"说的是记住特殊的或简单的、余者不"究"的记忆方法，如"物质通过细胞膜的方式"。在讨论记忆技巧时，孩子认为只需记忆自由扩散、协助扩散的物质，余者一定是主动运输。如"原肠胚三层分别发育成哪些器官、系统"这一部分，知识繁杂，记忆困难，让孩子认为：如若记住了"外胚层"和"内胚层"，剩下的当然是中胚层发育成的，这种"攻其一点，震撼全线"的记忆方法实践证明既省时又省力。

"口诀记忆法"能使记乙自然，回忆顺畅，如"原肠胚的特点"，一孩子认为用"一孔两腔三胚层"的口诀法记忆就容易多了。

"图表记忆法"是指某些知识只要理解了图或表的含义，在头脑中形成了图形，也就基本掌握了其知识内核，如"有丝分裂""减数分裂""基因分离规律""基因自由组合规律""蛋白质合成""花和果实的结构"等。

"对照记忆法"就是将某些具有密切联系的知识采用列表等对照来记，如"光合作用"和"呼吸作用""有丝分裂"和"减数分裂"等。

"联想记忆法"是培养学生学会以此思彼、以旧想新等触类旁通的学习方法。

研究这些记忆技巧，不但提高了记忆效率，而且容易形成永久性记忆，使学习事半功倍。

**3. 培养孩子的识图能力**

生物学有很多属于微观领域，有的还很抽象，能正确、迅速理解图解含义对于知识的理解、记忆十分关键。如"有丝分裂""减数分裂""光合作用""动物个体发育""植物个体发育""蛋白质合成""基因分离规律""基因自由组合规律"等，图看懂了，知识原理也就基本理解了。识图关键是理解各个结构的含义，含义一定要搞懂弄透。为了让孩子掌握教材上的图解，我把教材上的所有图都扫描下来，刻录成光盘，集中学习，练习记忆。

**4. 培养孩子的创造性思维**

我在自学指导的设计中，注重教材知识的创造性引导，使孩子思维得以升华，培养其创造性。如胚乳染色体数为"3N"，在植物个体发育的学习指导设疑："3N"条染色体对于胚乳的作用有何好处？这是一道综合分析推理的问题，没有发现有谁提出过，更没有标准答案，提出的目的在于启发孩子推理。经过培养，有时孩子也会提出类似的问题。有孩子问："生物体内有没有四磷酸腺苷？为什么线粒体和叶绿体DNA与细菌的DNA的环形结构相似？"孩子提出这样的问题，说明真正动脑筋了，真正进入到了深层次，说明他们的智慧在闪光。我对此类问题都给予热情分析解答，并大力推崇，绝不扼杀这种创造性思维。为了培养孩子的创造性思维，我还鼓励孩子大胆尝试自己设计实验。一孩子提出："亚里基蓝是活体染色剂，可不可以用作有丝分裂的染色剂呢？"我鼓励他用实验尝试一下，结果不但不可以，而且还能观察同一个细胞有丝分裂各个时期，比教材的实验设计还要好。当时他非常激动，满脸洋溢着成功的喜悦。做每一个实验，我都不讲实验过程，也不演示，让孩子动脑、动手探索，放手让孩子大胆尝试，着重实验结果的分析，以提高动手能力和问题分析能力。经过培养，我们师生共同归纳了"人类遗传病类型"的判定方法，可以迅速准确地判断出遗传病类型。孩子在学习中发展了智力、提高了能力，同时也极大地激发了学习生命科学的兴趣。生物智能教育的最终目的在于培养有创造性的人才，只有他们才能适应未来社会知识量迅速猛增的现状，成为与时代同步发展的"永恒劳动者"。

## 二、指导方法

### 1. 提纲指导

以题单对所学内容进行必要的提示、材料补充和思路导引，帮助孩子弄清教材整体思路，加深理解各知识要素。题单既可作为指导材料，也可作为课堂学习记录，还可以作为很好的复习资料。

### 2. 直接指导

（1）个别指导

教师在孩子自学时，对个别孩子的问题及时给予点拨、辅导。

（2）集体指导

孩子自学还会出现普遍理解有偏差或深度不够的问题，教师可用15分钟左右的时间进行提示、辅导和强调。

（3）学生间相互指导

自学后，安排一段时间进行讨论，相互交流学习方法和见解，以便取长补短。

## 三、指导教学的程序

### 1. 预习

"凡事预则立，不预则废。"课前预习可以发现问题，增强课堂学习的目的性，提高课堂解决问题的功效，使孩子集中目标，切中要害。预习有三个要求：

（1）记忆理解新名词。

（2）巩固以前学过并与本课知识密切相关的知识，即扫清本节知识学习的外围。

（3）熟悉知识梗概。预习不是每节课都需要，只在个别难度较大的章节布置这个要求，否则过多牵扯孩子精力，得不偿失了。

**2. 讲生物学相关的故事**

课前用三分钟左右的时间讲一个生物学相关的小故事，故事要求有科学性、趣味性和实用性，目的在于拓展知识、激发兴趣、活跃气氛、培养能力。每课一个故事，轮流表演。坚持至今，孩子表现出极大的热情。有一个孩子向我征询意见："老师，我是讲狐狸为什么能迷人呢？还是讲午饭后能不能喝开水呢？还是讲牛奶有哪四怕呢？"课前故事减免不得。有时课程紧，我不准备安排这个环节了，结果孩子们坚决反对，这个活动的功能远远超出了预期的设想。

**3. 课堂学习**

（1）检查预习。

（2）扫除外围。帮助孩子解决与本节知识有关，但又不是本节所学的知识，以集中精力解决主体内容。如植物个体发育那节课，教材内容就是受精卵胚、受精极核胚乳，至于子房壁果皮、珠被种皮，胚珠种子、受精极核的染色体数等均未涉及，孩子自学教材无法了解，教师必须给予补充说明。

（3）明确学习目标，明示重点、难点。

（4）学生自学教材。在学习指导提纲的引导下，先理清整体思路，再逐个解决各个环节，完善知识体系，完成指导提纲的各项要求，教师巡视指导，答疑解难。特别是指导学习有困难的孩子，及时了解其学习程度，督促、指导孩子完成学习计划。本节段需25分钟，是课堂活动的主要阶段，要求孩子基本独立完成教材学习。对疑难问题，师生间、学生间可讨论解决，这样充分发挥了孩子的主体作用，而教师则处于"服务"地位，变"讲堂"为"学堂"，使孩子成为学习的主人。

（5）总结。孩子在教师引导下对知识进行系统总结，使知识系统化、准确化，帮助孩子查缺补漏，保证知识理解到位。教师有"五讲"，讲补充材料、讲思路、讲方法、讲记忆技巧、讲重点和难点。

（6）发动孩子提问，再由孩子讨论解答。古人云："学贵有疑。"孩子能提出问题，说明他有强烈求知欲望。同时，通过学习问答可以获得反馈信息，以便及时更正。

（7）学习检测。指导提纲中设有学习检测题，孩子在课堂上用五分钟左右的时间完成，教师获得反馈信息，经批改将信息再反馈给孩子，下次检查测试题时再检查孩子的改正情况，使知识准确到位。课后不必再留作业，以减轻孩子的课业负担。

**4. 单元总结**

单元学习结束，由孩子独立归纳知识系统，要求反应各部分知识联系。其目的在于使孩子加深对知识的理解，建立整体观念，培养孩子系统归纳能力和整体把握能力。对归纳有独到之处的孩子，教师要给予肯定、表扬，并举办展览。

**5. 单元测试**

单元测试卷由全体学生参与，各班间互批。判卷者只批不改，改卷由孩子本人完成，最后教师检查改后的试卷。一是可以让孩子明确知识掌握要准确、完整；二是可以发现自身的不足，有危机感；三是可以加深印象，巩固强化记忆。经过六年多的探索实践，我们形成了这种生物学学法指导的课堂教学模式，受到领导、同行、孩子的认可。孩子普遍认为，此种教学方式真正体现了他们的主体作用，培养了能力，掌握了一套行之有效的学习生物学的方法。现在，孩子基本上在二十分钟的课堂学习中能理清教材整体思路，归纳出知识网络体系，反映出较强的自学能力。1996年全国生物协会东北区年会上，我以此方法进行说课荣获一等奖，并受到了全国铁路系统生物学理事长、《中学生物报》主编吴友华老师的赞许和肯定。当然，"提纲导引，总题分述"的生物教学课堂模式还很不成熟，需进一步完善。如何解决进一步放开孩子被束缚了太久的手脚与孩子知识掌握准确到位的矛盾，是我探究的方向。

📖 **参考资料**

［1］梁全进，白先同.中学学习学［M］.桂林：广西师范大学出版社，1996.

［2］董奇.学习的科学［M］.北京：中国书籍出版社，1996.

家教篇

教学篇

感悟篇

教育篇

管理篇

# 成长比成功更重要

## 一、什么叫成长和成功

成长：强调过程，追求功名利禄，关注全面发展，结果有品尝幸福的能力。

成功：强调结果，追求生活幸福，关注片面发展，结果丧失幸福。

## 二、健康成长的指标

表1　成长指标

| 四学会 | 重点指标 | 人格特征 |
|---|---|---|
| 学会做人 | 真诚待人 | 真爱 |
| | 诚实守信 | 诚信 |
| | 认真负责 | 责任心 |
| | 自信自强 | 乐观 |
| 学会做事 | 遵守规则 | 规则意识 |
| | 讲究效率 | 效率意识 |
| | 学会选择 | 果断 |
| | 合理消费 | 勤俭节约 |
| 学会求知 | 主动学习 | 自我能动性 |
| | 独立思考 | 独立 |
| | 学用结合 | 勇于实践 |
| | 总结反思 | 勤于创新 |

续　表

| 四学会 | 重点指标 | 人格特征 |
|---|---|---|
| 学会共处 | 尊重他人 | 礼貌待人 |
| | 控制自己 | 严于律己 |
| | 保持距离 | 矜持有度 |
| | 学会说话 | 谈吐得体 |

## 三、家长如何指导孩子的成功

从日常行为抓起。

播种一种行为，收获一种习惯；

播种一种习惯，收获一种性格；

播种一种性格，收获一种命运；

让优秀成为习惯！

### （一）学会做人——仁

**1. 学会关心**

（1）认同自我

自信，自己管理自己，学会独立地处理自己的事情，珍爱自己。（贴标签效应）

（2）关心他人

① "感恩" 教育。

② 家长角色定位——树立榜样、维护形象、家庭民主（教育孩子要找切入点）、分工协作、恩威有度（外部奖励降低内部动机——德西效应。奖励在事后，不许诺、不频繁、少物质；惩罚不涉及皮肉和自尊心——破窗原理；增减效应——先抑后扬）。

③ 宽容，源于胸怀。

**2. 学会锻炼身心**

健康标准，包括生理健康、心理健康、社会关系健康和道德健康。

锻炼体魄，砥砺意志，培养抗挫折能力。（掌握锻炼技能是关键）

**3. 学会自立**

（1）给予自立机会

家长不要包办。苏格拉底有句名言："我知道我什么也不知道。"所以苏格拉底培养出柏拉图，柏拉图教育出了亚里士多德。

家长过分关注孩子有5种后果：一是养成孩子的依赖心理；二是降低孩子的学习效率；三是分散孩子的注意力；四是降低孩子的自信心；五是造成孩子的反叛心理，造成亲子关系紧张。

（2）辨别善恶

（3）应急能力

**4. 学会承担责任**

（1）有敬畏感

"天不怕，地不怕"必然导致普遍价值的崩塌，敬畏感的缺失必然导致责任感的缺乏。

（2）对自己的行为负责

（3）对别人负责

对家庭的责任感（包括对亲朋好友）、对社会的责任感、对自然的责任感，家长要让孩子首先感到很需要自己的帮助，包括现在和将来。

**5. 学会诚实守信**

（1）有诚信

"信则人任焉。"遵守契约、信守诺言是判定一个人人格高下的标尺之一。一个言而无信的人不仅无法受到人们的尊重，而且最终必将被排斥在正常的社会生活之外。

（2）遵守规则与秩序

秩序包括法律秩序和道德秩序。

**6. 学会审美**

（1）有感受美、发现美、创造美的能力

重视美学教育，重视陶冶教育法。（兴于诗、立于礼、成于乐）

（2）关注心灵美

心灵美应从"善"开始，而善应以"孝"为先。

## （二）学会做事——权

### 1. 学会自我管理

（1）自信：认同自己

（2）自我规划

### 2. 学会做事的原则和技巧

（1）创新：求异性思考

（2）"立刻行动"

（3）先做最重要的事情

一个不会舍弃、只知道追求面面俱到的人，许多事情常常半途而废。（不值得定律：不值得做的事，就不值得做好）

（4）控制自己的情绪——自制力

① 控制时间：劳逸结合。

② 控制思想：善于"开对了窗户"。

③ 控制接触的对象：交益友，不交损友。

④ 控制沟通的方式：创造沟通的气氛（月光启蒙）。沟通中，说什么占30%，怎么说占70%。

⑤ 控制承诺：不随便承诺，一旦承诺了事情就要努力做到。

⑥ 控制目标：蹦个高就能够得着（登门槛效应）。

⑦ 控制忧虑：乐观教育孩子，无论生命多痛苦，都要找到自己的花。

（5）学会不断给自己准确定位

（6）成为有"成长优势"的人

① 先扬长再补短：扬长顺便补短。

② 别人与其容易交往：让孩子成为受人欢迎的人。

（三）学会求知——乐

**1. 制定计划**

**2. 自我检测**

明确我应该学会什么？已经学会了什么？不会的怎么解决？

**3. 博览群书**

筛选式读书（目的→检索→浏览→精读→摘记），功利性不要太强。知识面的狭窄将是制约孩子向高层次发展的瓶颈。

**4. 有效学习**

预习、听课、笔记、问答、思考、复习、作业。文体、文娱、文理、动静、理论与实践结合。

**5. 齐头并进（木桶原理）**

**6. 有效指导**

听孩子讲解作业或学习内容。

**7. 临近大考十不宜**

一不盲目开夜车。

二不改变饮食习惯。

三不缩减体育锻炼。

四不饱食、素食。

五不滥用保健品。

六不情绪不佳还坚持学习。

七不追求完美。

八不盲目做难题。

九不攀比。

十不关心过度。

（四）学会共处

成功=智商（15%）+情商（70%）+胆商（15%）。

**1. 学会尊重他人**

（1）悦纳他人："喜欢你就是喜欢我自己。"

（2）尊重别人的私人空间

（3）理解别人

（4）少背后议论人

（5）征询意见

（6）懂礼仪：文明有礼，抬手之处见高低

（7）君子之争：学习竞争可以共赢

**2. 学会共处的技巧**

（1）保持一定距离：事君数，斯辱矣；朋友数，斯疏矣

（2）不抱怨，不指责

（3）善于沟通和交流

（4）多赞美别人

（5）有热情和激情

（6）包容和宽容

（7）保持好心情

（8）倾听、多看

（9）有责任心

（10）真诚待人

## 四、几种不当家庭教育带来的后果

子女受到过分期待、逼迫，不堪重负。（丧失自我）

接到互相矛盾的使命，无所适从。（无规则、混乱）

父母斗争、分居、离异，孝心冲突。（自责自罪，性心理受阻）

满足父母本我需要，长不大，离不开家。（宅男、宅女、啃老族）

家庭情感连接松弛。（无教养、无使命感、无生活意义感，困惑、浪荡或因绝望而自我放弃）

## 五、给家长的几条建议

让孩子倾诉——坐下来听。

和孩子平视——放下架子。

与孩子商量——相互尊重。

替孩子着想——留点面子。

让孩子决定——学会选择。

给孩子写信——巧妙表达（手把手、肩并肩、书信表达）。

向孩子道歉——说声对不起。

放孩子出去——接触社会。

容孩子缺点——别跟孩子较劲。

做孩子榜样——提供优质的人生参考模型。

教孩子思考——选好教育题材（触动孩子心灵，选择恰当时机）。

## 六、教育感悟

　　教育孩子，首先是接纳孩子本来的样子，信任、鼓励和欣赏孩子，尽量多的去了解他、理解他、倾听他的想法。教育一定要选适合孩子的方法，而不能按照家长的标准去塑造孩子，尤其不能以成绩的好坏来评价孩子。举个例子，假如你的孩子天生就是慢性子，那么他会形成适合自己生命发展的节奏，一些优秀的特质也将从这个节奏上发展而来，比如沉稳、专注、冷静等。但你觉得慢不如快好，恐惧"慢"会使孩子落后，无法适应这个快节奏的社会，不断地催促他、改变他，甚至责骂他。你认为这样是在教育孩子，但实际这只是在干扰和破坏孩子的成长，甚至会摧毁孩子的自信心。如果自己的教育出了问题，一定要停下来及时调整，尤其要多学习。"教育错了的儿童比未受教育的儿童离智慧更远。"我们应把盯在孩子身上的目光拉回来，反观自己的言行，认识自己的观念、态度及局限。当一切都变得不可挽回时，我们的忙碌、我们的忽略，甚至我们的自信都会成为终身的遗憾。最好的教育是"帮孩子打开看得见自我的门""让孩子成为最好的自己"。

# 家长应及早培养孩子的社会素养

对于家庭教育而言，我们只有明确做事的最终目的，才能正确规划我们的办事过程，进而采用恰当的方式方法。那么，我们教育孩子的目的是什么？大多数家长会说："为了考大学。""那么考大学的目的是什么呢？""为了找个好工作。""找个好工作的目的是什么？""为了生活得更幸福。"经过这样连续的哲学追问，我们教育的终极目的是为了孩子有体面的、幸福的生活！那么，在占人生四分之一的求学阶段如果不幸福，能说我们的孩子是幸福的吗？况且孩子求学的"痛苦"情绪长期积累，还会沉积成潜意识，在以后的生活中就会不时地蹦跳出来，甚至埋下心理疾病的种子。

所以家长应该树立正确的教育目的，掌握科学的教育理念，制定详细的教育规划，挖掘孩子的优势潜能，采用灵活的教育技巧，施行适合自己孩子的家庭教育。

前几年，一位年届七十的老同事给我打电话，声音哽咽，希望我帮他名牌大学毕业的儿子找份工作，当个保安也行。接完电话，我的心情久久不能平静。老同事的儿子毕业于我国一所名牌大学，而且学业成绩优秀，但性格乖张，与人相处有很大障碍。毕业后，他分配至一家很好的单位，但由于经常与人发生矛盾，尽管才学过人，单位还是在他工作的第五个年头将他辞退。赋闲在家的他终日沉湎于自我封闭和痛苦之中，愈加与环境格格不入。在家苦苦宅了两年之后，在二十八岁那年从自家的六楼跳下。经抢救，生命虽然保住了，骨盆却造成粉碎性骨折，花掉了年迈父母一生的积蓄，最后还是留下了终生的残疾。这么多年，为了帮助儿子融入社会，鼓起生活的勇气，白发苍苍的二位老人东奔西跑，为儿子的生计奔波，一家三口租住在十几平方米的房子里，苦度岁月。

为什么智商超群、从小学到大学学习成绩一直都很优秀、学业有成的名牌大学毕业生找份工作却这么困难？其实是性格使然、情商太低使然！不能融入社会的人，在社会性的人类中生活当然会障碍重重。

世界上最朴实无华、最纯洁无私的爱应该是父母之爱，从婴幼儿期的哺育、童年期的教养、青少年期的教导，父母亲一直在孩子身边。古往今来许多有成之士在回顾自己成长的历程时，都对父母的教导和养育充满了深深的感激。然而父母之爱也最易盲目，不恰当、不理智的父母之爱往往导致事与愿违。有的孩子即使很有"才"，但由于存在其他方面的缺陷，也很可能致使其终身都不能如意，甚至在痛苦中煎熬。因此，培养"全人"的教育是一个孩子健康发展、享受人生的基石，是父母义不容辞的责任，家长应该及早筹划。

一位哲人这样说道："播种一种行为，收获一种习惯；播种一种习惯，收获一种性格；播种一种性格，收获一种命运。"幼童的一些行为累积会沉积成人的一种潜意识，形成一种习惯，习惯的固化就会逐渐衍化成特定的性格，而人的个性影响着他的人生命运。有的人智商很高，才华横溢，却深感命运不济，为何？追根溯源，还是行为习惯的养成问题，以及秉性、个性的问题和社会素养的缺陷问题。有远见的家长在孩子成长的早期着力培养孩子社会素养的全面发展，为孩子的"人生银行"中存入大量的未来发展资本。

人的基本社会素养主要有人文素养、公民素养、伦理道德素养、心理素养、科学素养及专业素养，与之相对应的核心能力是学习力、社会力、品格力、适应力和创造力。

下面我就针对主要方面谈谈素养的培养。

## 一、人文素养的培养

人文素养的灵魂是"以人为对象、以人为中心的精神"，其核心内容是对人类生存意义和价值的关怀，即"人文精神"。这其实是一种为人处世基本"德性""价值观"和"人生哲学"，科学精神、艺术精神和道德精神均包含其中。它追求人生和社会的美好境界，推崇人的感性和情感，看重人的想象和生活的多样化，主张思想自由和个性解放是它的鲜明标志。人文精神珍视人的完整性，反对对人的生命和心灵进行肢解与割裂，承认并自觉守护人的精神神秘性和不可言说性，拒绝对人的物化与兽化，反对将人简单化、机械化。尊重个人的价值，追求自我实现，崇尚"自由意志和独立人格"，并对个体与人类之间的关联有相当的体认，从而形成人类意识，自觉地守护和践行社会的核心价值，诸如公平与正义。一句话，就是对"人"要给予足够的尊重，包括自己，也包括他人。

人文素养的培养要从小抓起，从点滴抓起，从习惯养成抓起。

**1. 熏陶书卷气**

孔子曾说："兴于诗、立于礼、成于乐。"教育孩子必须先从培养孩子的书卷气开始，从培养孩子的文化修养开始，这是人生"兴"的基础。书卷气需要孩子能够坐下来博览群书，不带任何功利目的地博览群书。多带孩子徜徉于图书馆、阅览室、校园之中；多带他见识文人交谈的场景；多让他置身于文气十足的环境之中，让"白发的老师、勤奋的学生"的场景成为他头脑中美好的图画；多让文气熏陶熏陶，那种氛围会以一种强大的"场"引导着他深埋于知识的海洋之中。当然，书卷气并不是纯粹有了书本知识就能获得的。这种气质地获得在于一个人丰富的见识和阅历，一个只拘泥于书本知识的人是没有创新力的。

怎样才能提高孩子的见识和阅历，提高他的创新力呢？那就要"百闻不如一见"，让他对书本上的事物在现实世界中有一个亲身体验。只要有空就带孩子去参观一些博物馆、美术馆、名胜古迹、动物园、植物园、工厂等，也可多带孩子去游览名胜古迹，在壮美的大自然中陶冶情操，在秦砖汉瓦中领略中华的灿烂文明。每次去一个地方之前，尽量让孩子查资料，了解当地的风土人情、名胜古迹、文化特点，当然还有风味小吃。有了这些充分的准备，就会使孩子每次的游览都是乘兴而去、兴尽而归，既收获了知识、情感，也收获了性情。读万卷书远比不上行万里路，现实活生生的世界就是一本无字天书，它深藏奥秘，意蕴无穷，只要你用心去领悟，它能教给我们的更多、更丰富、更生动。

李嘉诚谈起自己的成功时，他却说："小书房是我童年最深的记忆。"

李氏家族是个和睦的大家庭，他家有一个面积虽小但藏书却非常丰富的小书房，那是李家的小书库，里面集中着李嘉诚那些知识渊博、学问深厚的父亲、伯父、叔父以及祖上遗留下来的藏书。

童年时期，李嘉诚的大部分时光就是在这块狭小却辽阔的天地中度过的。在父亲的允许下，每天放学以后他就像一只勤劳的小蜜蜂悄悄飞进小书房。在小书房里，他的全部天赋发挥得淋漓尽致，书使他懂得了许多。

至今，李嘉诚还记得父亲对他的教诲。一天，父亲领他来到这间书房，语重心长地对他说："诚儿，这是咱家里几代人的书库，你伯父、我和你叔父都是从这里走出去的。我希望你能认真理解父亲带你来这里的意义，我知道你一定能体会为父的深意。"从此以后，读书成为李嘉诚的生命。看书越多，他越觉得自己知识的贫乏，便越是废寝忘食、如饥似渴地学习。是父亲一次又一次不厌其烦地向他解释着哪些问题他可能读不懂，又有哪些地方难解释。更令李嘉诚难忘的是父亲陪他在灯下一起夜读，随时答疑，给他以精神的鼓舞和人格上的激励。

李嘉诚常常动情地说："父亲是我一生中最崇敬的人。无论从知识上还是从人格上，父亲永远都给我一种鼓舞、一种激动。父亲所给予我的，是任何一种东西都无法衡量的。"

可见，熏陶对一个孩子的成长是多么的重要。

### 2. 以爱育爱

就孩子个人而然，教育的根本目的应该是使孩子生活的有道德、有智慧、有健康、有尊严，并学会品尝幸福。家长要让孩子明白，不管你是女孩还是男孩，不管你长得漂亮还是平凡，不管你是聪明还是迟钝，不管你身体健康还是虚弱，不管你家境贫穷还是富裕，都可以得到父母、老师和周围人同样的爱。人人都有同等的权利，要学会爱自己、爱别人，学会自己做选择决定，学会帮助别人和接受别人的帮助，学会自尊自爱，努力进取，把握自己的命运。

家长爱孩子，这是天然的情感，关键是这种爱如何表达，家长付出的爱孩子是否接收到，爱与被爱的传输是否能够完美对接。如果家长表达得好，一个爱的眼神、一次拍肩、一副好面孔都会让孩子感动，让孩子激动不已。

爱孩子就得多从孩子的角度着想。有的家长把孩子当成了自己的私人物品，认为孩子的得失荣辱影响着自己的脸面。尽管为孩子也付出很多很多，但由于没有站在孩子的角度思考，让孩子与家长沟通的大门缓缓关闭，接受"爱"的信号的"手机"就处在屏蔽状态。

爱孩子就得学会原谅孩子的缺点。大人也犯错误，为什么我们能原谅自己却不能原谅孩子呢？孩子是一个独立的人，同时也是一个正在发展的人，与成年人有着巨大的差异，我们不能用成人的标准要求未成年的孩子。有人说，多用几种"尺子"量孩子，你就会量出孩子的许多优点，就会多量出一群好孩子，这就是"高度决定视野，角度改变观念，尺度把握人生"的道理。家长要学会站在孩子的角度考虑问题，你的视域会截然不同。

爱孩子就要学会倾听。要倾听孩子的欢乐，也要倾听孩子的烦恼，还要倾听孩子的"愤怒"。要学会先接受再分析、引导，最后找到恰当的时机转变对孩子的教育方法。切不可一听到孩子的想法与自己不同就立刻火冒三丈，一顿训斥，甚至打骂。久而久之，就会使孩子不愿与家长沟通，而且还会不自觉地培养了孩子的奴性思想。中国"棍棒之下出孝子"的家庭教育文化，实际上是一种培养"奴性人"的文化。

爱孩子就要严慈有度，不要溺爱。曾看过这样一篇报道：一位21岁的母亲，丈夫因意外离开了她和不满一周岁的女儿，因为担心自己再婚女儿会受到伤害，一直独自一人含辛茹苦抚养自己的孩子。在那些艰难的岁月里，母亲常常挨饿受冻，却没有让女儿受到一丝的委屈，真是要星星不给月亮，含在嘴里怕化了，捧在手里怕吓着。孩子一天天长大，自私的性格一天天养成，母亲也一天天的衰老，女儿也一天天讨厌起自己的母亲，最后发展到不让母亲与自己同桌吃饭，且不让母亲吃饱。一次家里包饺子，母亲吃完自己的十个饺子后，忍不住又到女儿一家三口的桌子上偷偷地多夹了两个。不想被女儿发现，女儿一边破口大骂，一边用筷子狠狠地抽打着妈妈的手。夜间，这位母亲思前想后，自己用一生的幸福做代价，精心呵护的女儿却如此待她，她彻底绝望了，当天晚上就在阳台上上吊自尽了。第二天早晨，当女儿发现妈妈的尸体后，没有丝毫的悲伤，竟然在妈妈吊着的尸体下燃放起了鞭炮！

这位可悲的母亲可能到死也不明白，正是自己的溺爱造就了这个丧尽天良的女儿。古语有云："慈母多败儿！"这个"慈"其实就是"溺爱"。

爱孩子就要从小培养孩子爱的情感，把爱的教育当作永恒的主题。当灾难发生的时候，比如汶川、玉树大地震，以及东南亚海啸等自然灾害，要让孩子学会去关爱那些身处灾难中的人们，除了力所能及地捐钱、捐物外，还可以关注灾区的消息，为他们祈福等，让孩子幼小的心灵学会同情和关爱。另外，还应该帮助孩子认识艾滋病、癌症等疾病，让孩子学会不歧视、不排斥患有这类病症的人，努力为那些没钱治病的人做点事，比如每天少吃一根冰棍，把存下来的钱捐给他们。如果每一个人都出一点力，就能汇聚起巨大的力量。教孩子学会关爱周围的人，关爱老弱病残，在公交车上主动让座，带孩子做义工，参加慈善活动等，培养孩子的爱心和善心。让孩子明白，即使一点点的努力，也能帮助有需要的人；让孩子明白，这个社会是"爱的社会"，每个公民遇到困难都会有人伸出援助之手，这是影响孩子一生善行的教育。

关爱要从家庭做起。每当看到电视公益广告中播放的小男孩看到妈妈给奶奶（或姥姥）洗脚，自己也趔趔趄趄地给妈妈打洗脚水的情景，我都感叹不已：爱真是可以传染的！我们家长首先自己要做孝亲敬老的模范，为孩子树立典范，还要经常创造机会让孩子学习关心自己的父母，帮妈妈做些家务，为爸爸端杯热茶，为爷爷准备生日礼物，陪奶奶出去散步等。让孩子明白"百善孝为先""与人玫瑰，手留余香"的道理；让孩子明白，有了爱的行动，一辈子都会活得充实、踏实。

**3. 教会尊重**

马斯洛的"需要层次理论"指出，人的需要从低到高有五个层次。

第一个层次是衣、食、住、行的生活需要。

第二个层次是安全需要。

第三个层次是归属感的社会需要。

第四个层次是尊重需要。

第五个层次是自我价值实现的成功需要。

较低级的层次需要是实现较高层次需要的前提和基础，也就是说，要想让孩子走向成功、走向卓越，必须要满足被尊重及其生理、安全和归属感的需要。所以，归属感和被尊重对于孩子的健康成长，以致最后走向卓越至关重要。关注孩子的需求是有效教育的重要核心，而关注的心理基础则是尊重。尊重是人文、平等的具体体现，是社会交往中的素质要求，是诚信、关爱、协作等品质的形成基础。家长尊重孩子，是实行家庭教育、培养尊重他人的重要前提。没有尊重，人文素养无从进行。

要让孩子学会平等地待人，不管对方是什么身份、什么地位，我们都要尊重他。让孩子从小就知道，清洁工、搬运工和其他职业一样，都是靠自己的劳动获得报酬，只是不同的职业有不同的特点而已，这不应该成为我们衡量一个人价值的理由，他们都应该获得同等的尊重。当然也要让孩子明白，不管爸爸妈妈是什么职业、什么身份，他们都是用自己辛苦劳动得到的报酬养家，所以都值得尊重，他们不偷不抢，诚实做人，应该为他们感到自豪。不管是出生在贫穷还是富裕的家庭里，每一个人都应该通过自己的努力来拥有精彩人生。

培养孩子尊重别人，首先要从家长尊重孩子做起。培养孩子尊重别人要从以下几个方面抓起：

（1）悦纳他人。教会孩子常说"喜欢你就是喜欢我自己，不喜欢你只能惩罚自己，不会伤到别人"。所以，要想喜欢自己就必须喜欢别人。另外，要以一颗与人为善的心去看别人。看别人不好，其实是自己内心有问题。

相传苏东坡有一天与好友佛印参禅，他们二人促膝而坐，苏东坡问佛印："你看我像什么？"佛印脱口而出："像一尊佛！"接着，佛印反问苏东坡他像什么，苏东坡答道："你像一泡狗屎！"苏东坡归家之后，洋洋得意地与苏小妹说起此事，认为自己占了便宜。苏小妹说道："哥哥这次输得最惨！""佛印心中有佛，所以他看你才像一尊佛，而你心中很肮脏，所以你看他是一泡狗屎。"这个故事告诉我们：心中善良，你才能看得到别人善良。

（2）尊重别人的私人空间，不要让孩子养成窥视别人隐私的习惯。

（3）理解别人，教育孩子学会换位思考，学会"躬自厚而薄则于人"，学会"圆融"。

（4）少在背后议论人。

（5）学会包容差异，对话交流，合作共生。

（6）懂礼仪。

**4. 节用资源**

爱惜物品、爱护环境是人文精神的重要组成部分，也是一个人修养品位的重要体现。家长有责任、有义务培养孩子从小树立环保意识和养成保护环境的良好习惯，要培养孩子具有"民胞物与""天人合一"等尊重万物的思想。比如教育孩子不乱丢垃圾，并分类收集垃圾；提醒孩子选择简单包装的商品，不使用"无证良品"，使用可以循环使用的东西；在水龙头、电灯开关等地方贴"请节约"的提示，提醒孩子减少浪费，并且和孩子一起拒绝使用一次性餐具等伤害生态环境的产品等。经常以身作则，尊重生命，爱护花草，爱惜动物，与孩子一起做保护环境的践行者。

**5. 学会包容**

包容就是以宽广的胸怀不排斥差异，有包容的心态才能更容易与人和平共处，才能以平静的心态享受人生。包容并不只作为虚空的口号，应该细化到每一个人的日常生活中。当别的孩子抢了自己孩子的东西时，不要喊着"别让他抢走，谁也别想欺负你"，而是让孩子学会跟他说"手是用来拥抱的，不是用来抢东西的"；当孩子和别人发生冲突时，不要对孩子说"不打赢他，回来就不要跟我说"，而是要教孩子学会用商量、协商等和平的方式来解决；教会孩子在生气愤怒的时候克制自己，学会"冷处理"，找到合适的方式发泄自己的情绪。让孩子学会包容与平静，关键是父母在家里保持平和，创造温馨的氛围。夫妻间有话好好说，不要动不动就暴跳如雷、声色俱厉，这些都会对孩子产生潜移默化的影响。有人说"家长是孩子的影子"，我认为这不无道理。

**6. 学会感恩**

学会感恩就是让孩子懂得回报，这是最基本的"为人之道"。感谢父母，感激他们每天的照顾；感谢周围帮助我们的人，感谢老师、同学、医生、警察、清洁工人、陌生人，是他们每天的辛勤工作，我们才可以平安、健康、有序地一起生活在社会这个大家庭里；感谢天地，是大自然赐予我们生存的万物，要珍惜自己所拥有的一切。家长要用语言和行动有意识地向孩子传递感恩的情感，要让孩子感受到父母的养育之恩、他人的帮助之恩，再让孩子以行动感谢父母和他人的关爱之恩。

## 二、公民素养的培养

现代公民素养是以平等为核心的政治素养、法律素养、道德素养和文化素养，包括政治的、法律的、道德的和文化的多方面的知识、规范、行为习惯等。

如何培养孩子做能和别人和舟共济、和睦相处的主人，成为学会做事、学会劳动，成为为社会多做贡献的人，是我们培养孩子公民素养的根本。

（1）要培养孩子的"主人"意识、民主意识

孩子是家庭的重要成员，不能只是从物质上体现孩子的"主人"地位，更应该从精神上、人格上体现"主人"的地位。"专制型"的家庭教育表面上要比"民主型"的家庭教育效果好，但从长远来看，却在培养孩子只能顺从的"奴性性格"。"奴性人"将来的发展朝向有两个方向：一个是"奴性"下去，过着逆来顺受的生活；另一个是走向叛逆，成为社会的负担，但无论如何都很难成为平静而享受"主人"生活的人。

在一个冬季，有一位小男孩心血来潮，想让处于休眠的乌龟伸出头来，他用大声喊叫、拍桌子恐吓、柳条抽打等各种办法都没有达到目的。爷爷看了看孙子，缓缓地把那只乌龟放到火炉旁，不久，乌龟就自己伸出了头。爷爷慈祥地对孙子说："要想让别人按自己的意识办，用强硬的办法是不行的，需要给予他'温暖'才行！"家庭教育也是如此，教育好孩子，硬的办法往往事与愿违，和风细雨地耐心教育才是有效教育。因此说"家教如炉"！

（2）要培养孩子的自立意识

给予孩子自立的机会，进行自立锻炼，要敢于把孩子"放出去"。我们知道，圈养的老虎放归大自然很多都难以生存，但野生放养却是让老虎能成为"虎"的唯一办法。

（3）要培养孩子的责任意识

家长要善于捕捉机会，对孩子进行敢于担当的教育。1920年，一位11岁的小男孩踢足球时不小心踢坏了邻居家的玻璃，邻居索赔12.5美元。小男孩向

父亲认错后，父亲让他对自己的过失负责。小男孩为难地说："我没钱赔人家。"父亲说："我借给你12.5美元，一年后还我。"从此，这个小男孩开始了艰苦的打工生活。经过半年的努力，他终于挣足了12.5美元还给了父亲。这个小男孩后来在回忆这件事时说："通过自己的劳动来承担过失，使我懂得了什么叫责任。"这个男孩就是第40任美国总统——罗纳德·威尔逊·里根，一位杰出的美国总统。

（4）要培养孩子的诚信意识

诚信是人类一种最普遍意义的美德，一个人只有诚信做人，诚信地对待工作、家人和社会公众，才能成为被人接受的人、受大家欢迎的人。中国古代有这样一则故事：一位国王要选择继承人，发给国中每个孩子一粒花种，约好谁能种出最美丽的花就被选为未来的国王。当评选时间到来时，几乎所有的孩子都端着美丽的鲜花前来参选，只有一个叫杨平的孩子端着空无一物的花盆前来，最后他却被选中了。因为孩子们得到的花种都被蒸煮过，根本不会发芽。这次测试不是为了发现最好的花匠，而是选出最诚实的孩子。

（5）要培养孩子的规则意识

规则意识是社会化、国际化人才必备的素质。"一家有规则一家兴，一国有规则一国强，天下有规则天下强。"培养规则意识最有效的方法是实践教育、体验教育、养成教育和自主参与，从习惯的养成中进行培养，实现知与行的统一。

## 三、伦理道德素养的培养

中国传统的伦理道德，内容丰富而庞杂。其中，尚公、重礼、贵和、崇仁对中华文明、民族精神和民族性格都产生了深远影响，可将其视为中国传统伦理道德的基本精神。直到今天，其基本内核仍然是我们应该遵从的法条。

尚公，就是明义利、别公私，正确处理义利关系即正确处理公私关系，重义即尚公。古人所说的"见利思义""义以导利"，实际上是教导人们在重视整体利益的前提下，谋求个人利益的满足。尚公是群体生存的根本，离群寡居的人连语言都会丧失，更不用说正常生活了。教育孩子利己可以，但不要损人、损公。我们现在提倡的关心集体、团结协作、热爱祖国、热爱人民，就是着重培养孩子的尚公精神。中小学生家长应特别重视孩子的团队精神培养，鼓励孩子参加集体活动，为班级多做好事。

重礼是中华民族的传统美德，中国文化就是一种礼乐文化。孔子说："立于礼，成于乐。"礼被看作是"人之所以为人"的内在规定，是区分人禽的标准；乐是"人之所以成人"的外在表现形式，是形成高雅气质的主体内核。经过长期的浸润熏陶，礼从外在强制逐渐成为人们普遍的内在自觉，被社会广泛认同。家庭教育中要遵循"父慈子孝、兄友弟恭、朋信友义"的原则，培养"衣着得体、语言规范、举止得体"的礼仪习惯。遵从礼数，遵守规矩，是孩子行于世、立住身的根本。

贵和精神表现在诸多方面，就国际关系而言，它主张"协和万邦"；就国家治理而言，它期望"政通人和"；就人际关系而言，它要求和睦相亲、与人为善、宽厚待人、和衷共济，强调"和气致祥"；就家庭关系而言，它告诫人们"家和万事兴"；就经营之道而言，它提醒人们"和气生财"；就个人而言，强调自身的和谐，重视"和心""和性"，养成一种平和的心态，崇尚"心必平和然后乐"；就人与自然而言，祥和之气是最可贵、最美好的，重视人与自然的和谐，自觉维护生态环境。

崇仁，仁即"爱人"，是儒家思想的核心。如何做到仁，孔子建议要"忠恕"，要"己所不欲勿施于人"，要"躬自厚而薄则于人"，要"恭、宽、信、敏、惠"。孔子认为，"恭、宽、信、敏、惠"是做人的准则。"恭则不侮"，一个人对他人恭敬的时候，是不会招致羞辱的。中国老百姓有一句话叫"不打笑脸人""宽则得众"，包容他人，天宽地阔，大家拥护。"信则人任焉"，唯守信方赢得认知。一个人不是说宽容随和就够了，要做事就一定要守信，在挑选人才或合作伙伴的时候，都愿意选择有信誉的人。"敏则有功"，发挥聪明才智、敏捷行动，不必说的太多，而真正赶紧去做。孔子提倡"讷于言而敏于行"，对于孩子，要教会他把握好当下，要敏于行。"惠则足使人"，一个有恩于他人的人，需要他人帮助就比较容易，帮助别人也就等于帮助自己。

### 四、心理素养的培养

现代的健康概念包涵了三个基本要素：生理健康、心理健康和社会关系健康。心理健康的人应具备以下几个特征：智利正常、情绪稳定、关系和谐、角色分化、适应力强、人格健全。对于一个健康的孩子来说，心理健康主要表现在乐于学习、追求进步、自我意识清晰、观念明确、情绪稳定、乐观开朗、人际关系和谐、善于与人友好相处、遵守社会道德行为规范、具有良好的行为方式和习惯、有理想、有目标。

孩子在各年龄段有不同的心理需要。如果忽视了孩子正常的心理需要，让孩子一味埋头学习，不能和父母及家人进行亲情交流，会严重损害他的自尊心，对其人格形成也有影响。心理学家认为这种做法无异于对孩子的心理虐待，孩子的负面情绪也会因此而增加，于是许多过早接受超前教育的儿童会有厌学、注意力不集中、办事拖沓等不良表现。有的孩子性格会发生变化，内向的孩子会变得懦弱，不爱与人交往；外向的孩子会产生报复、反抗、逆反等心理。要想正确地引导孩子接受早期教育，家长必须了解孩子的性格特征，学会尊重他们的心理需要，给孩子留有充裕的时间了解社会、深入思考、动手实践、健身娱乐、访朋问友，让他们在与外界广泛地接触中增长见识，并培养他们的能力和人格。只有这样，才能使孩子健康成长。

家庭对于孩子而言不仅是一个生活场所和文化实体，而且还是心灵的归宿。相对于物质环境和文化环境而言，家庭具有更为浓烈的感情色彩，因而对家庭成员尤其是对未成年人有更强烈、更深远的影响。具备幸福能力的孩子是幸福的，而幸福能力是指向积极的生活、乐观的情绪、良好的意志力、健康的价值观的，是感受和发现生活意义的能力。培养孩子具备幸福能力应注重为其提供情绪安全的环境，给予建设性的关怀与爱心培养，鼓励忍耐和努力，鼓励自主，让孩子在人群中学习交往。

对孩子心理健康的培养，建议从以下几个方面入手：

（1）创造和谐的家庭环境，让孩子有个心灵的归宿。让家庭成为心灵的港湾，成为孩子自我医疗心灵创伤的放心"医院"。

（2）给孩子写信，善于与孩子沟通。与孩子沟通的方式有很多，可以尝试发短信、QQ留言、写信等"背靠背"式的沟通，这样容易把问题说透，把观点说清，给孩子预留思考的时间，避免当面发生冲突。

（3）让孩子倾诉，无论是对的还是错的，都要把孩子的话听完，要采用先接受再慢慢转变的心理辅导式教育方法。

（4）遇事与孩子商量，表示对孩子的尊重，培养孩子的参与意识、"主人"意识，培养孩子分析问题、解决问题的能力和实践能力，在实际锻炼中促进孩子的心性成长。

（5）和孩子平视，放下架子。现代社会已进入网络时代，网络时代的人际关系最大的特点是平权民主，实行家庭民主是时代的要求。以平等身份与孩子交谈、讨论，孩子也会以同样的方式对待周围的人。一个在打骂中长大的孩子，他也会对别人施以暴力。

（6）不要当着亲戚朋友的面贬低自己的孩子，不要当着孩子同学、伙伴的面打骂孩子。给孩子留面子其实就是培养孩子的自尊心，从而让他产生自信心。信心可以转化成一种巨大的力量，它会让孩子坚持的脚步永不停歇。

心理学家做过一个实验：将一辆漂亮的汽车停在一个小区，很长时间都没有丝毫破损，当故意打碎一块车窗的玻璃之后，没过几天就丢了个轮胎，接着整个车的零件几乎被卸个精光，最后连车壳也被拖走。当车窗玻璃未被损毁时，没人动它分毫，就因为被打碎了一块玻璃，整个车被起哄式的破坏掉了，这就是"破窗原理"。

如果一个孩子被人歧视，就容易被习惯地歧视，严重损伤他的自尊心和自信心，而有些家长就是"砸自己孩子'车窗'"的人。

科学家还做过一个有趣的实验：他们把跳蚤放在桌上，一拍桌子，跳蚤迅即跳起，跳起高度均在其身高的100倍以上，堪称世界上跳得最高的动物！然后在跳蚤头上罩一个玻璃罩，再让它跳，这一次跳蚤碰到了玻璃罩。连续多次后，跳蚤改变了起跳高度以适应环境，每次跳跃总保持在罩顶以下的高度。接下来逐渐改变玻璃罩的高度，跳蚤都在碰壁后主动改变自己的高度。最后，玻璃罩接近桌面，这时跳蚤已无法再跳了。于是科学家把玻璃罩打开，再拍桌子，跳蚤仍然不会跳，变成"爬蚤"了。

跳蚤变成"爬蚤"，并非它已丧失了跳跃的能力，而是由于一次次受挫学乖了、习惯了、麻木了。最可悲之处就在于，实际上玻璃罩已经不存在，它却连"再试一次"的勇气都没有。玻璃罩已经罩在了潜意识里，罩在了心灵上，行动的欲望和潜能被自己扼杀，科学家把这种现象叫作"自我设限"。很多人的遭遇与此极为相似。在成长的过程中，特别是幼年时代遭受外界（包括家庭）太多的批评、打击和挫折，于是奋发向上的热情、欲望被"自我设限"压制，没有得到及时地疏导与激励。既对失败惶恐不安，又对失败习以为常，丧失了信心和勇气，渐渐养成了懦弱、犹疑、狭隘、自卑、孤僻、害怕承担责任、不思进取、不敢拼搏的精神面貌。这样的性格在生活中最明显的表现就是随波逐流，与生俱来的成功火种过早的熄灭，我们有许多孩子就是在一系列的打击下而丧失了再次"跳跃"的勇气。其实培养孩子的自信心并不难，只要不吝啬你的"表扬"，再发掘孩子的优势天赋条件，多帮助孩子成功几次，让孩子多品尝成功的喜悦就行了。

（7）让孩子自己决定，学会选择。人的一生会面临很多次选择，经常会面临两难境地，家长的教育目的就是培养孩子学会选择，而不是替孩子包办一切。

（8）向孩子道歉，错了就要说声对不起，尊重孩子的人格、行为和思想。父母在孩子教育的问题上意见不一致时，要私底下商量，切不可相互诋毁。遇到事情，父母要淡定，因为你是家庭的"擎天博玉柱"。

（9）放孩子出去接触社会，给予孩子砥砺锻炼的机会，不要把孩子培养成"豆芽菜"。真正的爱不是把他抱在怀里，而是让他学会走路；真正的爱不是让他享受，而是让他学会自立；真正的爱不是只让他拥有幸福的今天，更重要的是让他拥有美好的明天；真正的爱不是一时的感动，而是一生的回味！经风雨见世面的孩子，危机处理的能力自然很强，勇于进取，胆量也大。一个人的成功需要智商、情商，更需要胆商。我认为，在这个方面做得好的名人无疑就是居里夫人了。

居里夫人的大女儿伊雷娜于1939年荣获诺贝尔化学奖，小女儿艾芙成为杰出的音乐教育家和传记作家。

当伊雷娜和艾芙还在幼年时期，居里夫人就不许女儿怕黑，不许雷声轰隆时把头藏在枕头下，不许怕贼与流行病。在第一次世界大战战火纷飞的恐怖日子里，居里夫人强迫她的女儿暑假到国内外旅行，并让她俩给战士织毛衣。她俩还加入收获队，代替男子冒着危险去抢收麦子。

居里夫人培养她们勇敢而有主见的独立人格。每天功课一完，这两个孩子就被带到外面去。不论天气如何，伊雷娜和艾芙总要步行很长的路。在自家的花园里还专门设置了一个横架，上面有吊杆、滑绳和吊环，让她们在家里进行体育锻炼。而居里夫人无论多么疲倦，总要陪女儿骑自行车出游。1911年暑假，居里夫人带女儿第一次旅行去波兰，姐妹俩学着骑马，居里夫人背着旅行袋在前面引路，她们在山里旅行了五天，晚上就住在山民的小屋里。

在世界名人对其子女进行的家教中，居里夫人是最成功的一位，因为她从小培养孩子独立自主的人格，强化体魄训练，锻炼意志和力量。特别是她让孩子走出去接触社会，培养了孩子多方面的能力。

（10）接纳孩子的缺点，别跟孩子较劲。孩子的很多问题，包括打架、拿人东西、逃学等，有些是心理问题，有些是生理发育过程中激素分泌量不均衡作用的结果，并不是品德问题。有一个孩子偷拿了同桌一支漂亮的铅笔，他当校长的舅舅听闻之后十分愕然。原来为了让孩子受到更好的教育，农村的姐姐把孩子托付给在城里当校长的弟弟，弟弟也一直把外甥当作亲儿子看待，关心、爱护，照顾得无微不至，所用物品更是应有尽有。为什么孩子偷拿别人的东西呢？原来孩子看到同桌的妈妈每天都到学校来接儿子，而且经常给儿子买喜欢的物品，而自己的妈妈一年只能见到一两次，感觉自己被妈妈抛弃了，因为嫉妒所以偷拿了铅笔。心理专家分析道："孩子把同桌的铅笔当成了母爱而'偷了'过来，偷的不是铅笔，偷的实际是母爱！"

（11）做孩子的榜样，提供优质的人生参考标准。人生在最关键的时候，往往会回想自己的父母当时处理一类问题的方式。父母遇事淡定，孩子也会淡定；父母抓耳挠腮，孩子也容易急得像热锅上的蚂蚁。父母的一些不良嗜好和习惯，不仅会造成这一代家庭的不幸福，也很可能因承袭家长的恶习而导致下一代甚至更下一代的不幸福。俗话说"买猪看圈",找男女朋友看家庭教育,大概就是这个道理吧。

(12)帮助孩子控制情绪,遇事三思而行。情绪本身没有好坏,关键是要学会调控情绪、经营情绪。调控得好,情绪得到适当宣泄,不但个人心理健康,周围的人也会感到与其相处比较容易,就会有很好的人际关系,社会适应能力就会很强。要善于帮助孩子"开对了窗户"。有一个小女孩从自家的窗户看到楼下花园中有人正在埋葬死掉的小狗,顿时泪如泉涌,爷爷看看到后,立刻把小孙女带到另一个窗口,下面鸟语花香,几个小朋友正在游戏嬉闹,孩子便破涕为笑了。这位爷爷就是"开对了窗户"。情绪经营得好,选择恰当的表达场合和方式,把握恰当的尺度,不仅促进人的健康,而且也能在人际交往中赢得高分。

(13)帮孩子学会交友,交益友,不交损友。影响人的成长有四个因素:遗传生理因素、环境因素、教育因素和主观能动性因素。"近朱者赤,近墨者黑"虽然并不绝对,但也反映出交友对于成长的重要影响。孩子在未上学前,父母对他的影响很大;小学低年级阶段,教师尤其是班主任对他影响较大;到了十岁以后,同伴的影响越来越重要。孩子的世界观正在形成时期,善恶美丑的辨别能力很差,很可能"顺势而恶"不能自已,形成了坏习惯,养成了坏毛病。有的毛病"沉积"下来,就形成了人的潜意识,人的行为很多是受潜意识支配的。很多刺激性的东西和行为都容易使人上瘾,比如吃辣椒、喝酒、吸烟、吸毒都易使人"上瘾",甚至打人也让人"上瘾"。"上瘾"就是一种潜意识。我们常常感到自己控制不住自己的情绪,有的家长对自己的孩子施以暴力,过后也常常后悔,可当时控制不了,以后遇到类似情况还会一如从前,这就是坏习惯沉积成"潜意识的"的结果。

(14)帮孩子学会控制承诺。一个人不能随便承诺,一旦承诺了就要努力做到。承诺的事情如果时间跨度很长,经历很曲折,即使最后实现了诺言,满足了对方的要求,当事人的感激之情也会降低,甚至不感激。倘若不能兑现,你便与那人结下了梁子,甚至成为"敌人",所以不要轻易承诺。家长对孩子也不要轻易承诺,承诺孩子的奖励即使将来兑现了,也会降低孩子学习的动机。

心理学家做过这样一个实验：将60名儿童随机分成甲、乙、丙三组，每组20人，教他们绘画。甲组的孩子事前被告知要给他们奖励，并事后给了他们奖励；乙组的孩子事前未被告知要给他们奖励，事后也给了他们奖励；丙组的孩子事前未被告知要给他们奖励，事后也未给他们奖励。过了一段时间，又让这三组孩子拿笔绘画，结果甲组的孩子主动参与的比例远远低于乙组和丙组，这就是著名的"外部奖励降低内部学习动机"的实验。所以，要学会尽量用精神激励法，如果采用物质奖励也要在孩子做好之后，而不是之前。否则，孩子做事的动机就不是为了做好事情本身，而主要是为了获得物质奖励，偏离了做事的目标。

（15）帮孩子学会控制目标。制定的目标要让孩子"蹦个高能够得着"。给孩子的目标一定要根据孩子的特点和能力，不要揠苗助长。教育就像煲一锅老汤，需要的是小火咕嘟炖，过高的目标会挫伤孩子的积极性。俗话说"虱子多不咬，债多不愁"，如果你给孩子定的目标太高，孩子根本达不到，那么他就会放弃，不做努力了。

（16）帮孩子学会乐观，控制忧虑。同样的半瓶白酒，乐观的人会说："这么好的酒还有半瓶呢！"而悲观的人则会说："这么好的酒只剩半瓶了。"同一件事情、同一个问题，态度不同，会产生两种截然相反的情绪状态。所以说，幸福是一种生活态度，它与人的职位高低、财富多少不成比例。培养乐观的人生态度，应该成为家庭教育中第一关注的目标。

## 五、科学素养的培养

科学素养包括人们在认识客观事物的过程中必须具备的科学知识、科学方法、科学态度、对科学本质的理解，以及对个人、社会、环境的责任心和价值观。科学素养的形成和探究能力的培养是长期的，许多事实证明，科学教育与人的科学启蒙教育有着密不可分的联系。那么，家长应该如何培养孩子的科学素养呢？

### 1. 培养和发展孩子的想象力

爱因斯坦说："想象力远比知识更重要，因为知识是有限的，而想象力概括着世界上的一切并推动着进步，想象才是知识进化的源泉。"由此可见，孩子想象力的培养是非常重要的。也许孩子的想象有时候看起来有些可笑和不切实际，但是作为成人的我们是否想过，瓦特正是有了"为什么蒸汽能把壶盖顶起来"的思考，才有了后来蒸汽时代的到来；莱特兄弟正是有了"人能否长上翅膀，像鸟一样在天空中飞翔"的异想，才有了人类飞翔天空的现实。

发展孩子的想象力主要有以下五个途径：

一是通过游戏活动，特别是角色游戏、建构游戏、玩沙、玩水、玩雪等。

二是通过艺术活动。孩子时常凭自己的想象和意愿来画画，这对发展想象力就很有帮助。音乐是发展孩子智力的乳汁。前苏联教育家苏霍姆林斯基说："没有音乐教育就不可能使儿童得到长足的智力发展。"孩子在听音乐（特别是无标题音乐）时，能通过听觉不知不觉进入到不同的意境中去，孩子常常在听音乐的过程中手舞足蹈地表现他们自身的感受，这对发展孩子的想象力也很有利。

三是走进大自然。大自然是孩子最理想的课堂，家长要经常带孩子走进大自然，带他到大自然中玩耍，让他接触自然、认识自然，因为智能和创造就孕育在生活实践和大自然中。只要家长有心，便可以在大自然中找到许多促进孩子想象力发展的好"教材"，增加孩子的表象储备。家长要有意识地指导孩子多接触事物、观察事物，加深对事物的理解，丰富知识，为想象力的发展做好准备。想象的内容尽管可以千奇百怪，但知识的储备必不可少，是以已有表象为基础的。试想一个从来就没有走出过家门、没有见过月亮的孩子，他能想象出月亮是个什么样吗？他会想象如何到月亮上玩耍吗？所以，想象力建立在丰富阅历的基础上。

四是父母们要培养孩子读书的习惯，让他在书海的游弋中获得丰富的事物表象。

五是带孩子参与生活，让他有机会接触生活的方方面面，认识事物，为想象提供动态的原始模型。

**2. 培养孩子的好奇心**

善于发现问题、提出问题、思考问题，是一个人创新品质的具体表现。爱因斯坦说："一个问题的产生通常要比结论的得出更为重要。"家庭教育中要培养孩子，善于发现他的科学品质，家长应精心创设问题情境，大胆鼓励孩子的"求异质疑"行为，引导孩子自己发现问题、提出问题。

诺贝尔奖获得者朱棣文童年时对周边的一切都有强烈的好奇心，他的小屋堆满了从幼儿园到小学自己动手制作的东西，有被拆得面目全非的玩具、积木搭起来的"宫殿"、检测花园土壤酸碱度的试纸、粗糙的小火箭等，他对此等事一旦动起手来就是大半天。中学时，朱棣文的学习成绩并不是很好，但上了大学后，他不光是对书本上的东西下功夫，还在自己想学的东西上下功夫。结果，他成了最优秀的学生。

家长要充分爱护孩子的好奇心。孩子总是对世界上的一些事物感到好奇，会对一些自然现象感到着迷，家长要充分爱护孩子的这份好奇心，培养孩子对科学的兴趣。小的时候，孩子会盯着一群蚂蚁看半天，还会对各种机械电器抱着同样的好奇，喜欢拆卸、重新组装，有时甚至搞坏一些物品，这时家长不能妄加训斥。事实上，在对自然世界的观察中，学习既培养了孩子对外部事物敏锐的观察力，又锻炼了对客观事物的表现力。在对机械电器的拆卸过程中，即满足了孩子的好奇心，也锻炼了其动手动脑的能力。

**3. 告诉孩子策略性知识更重要**

知识可分为三类，即陈述性知识、程序性知识和策略性知识。陈述性知识主要说明事物是什么、为什么、怎么样，是个人可以有意识地回忆出来的关于事物及其关系的知识，例如历史事实、数学原理、观点信念都属于陈述性知识；程序性知识是关于完成某项任务的行为或操作步骤的知识，或者说是关于"如何做"的知识，它包括一切为了进行信息转换活动而采取的具体操作程序；策略性知识是关于"如何学习、如何思维"的知识，是调节自己的注意力、记忆、思维能力的知识。让学生"学会学习、学会创造"的核心就是策略性知识，它是如何运用陈述性知识和程序性知识的技能，是控制自己的学习与认知过程的知识。因此，策略性知识的学习比前面两种知识的学习更重要。埃德加·富尔在《学会生存》一书中指出："未来的文盲不是不识字的人，而是没有学会怎样学习的人。"学会学习既是社会发展的需要，也是孩子自我完善的需要，未来的成功者必须是会学习的人、具备学习能力的人。但我们不能把策略性知识的学习与前面二者割裂开来，因为只有在前二者知识的学习基础上，才能形成策略性知识的学习。如学生完整地复述课文，复述的内容即是陈述性知识，如何遣词造句进行复述即是程序性知识，用什么方法记忆文中内容、采用何种方法复述即是策略性知识。

美国科学家、诺贝尔物理学奖获得者费曼小时候与小伙伴一起玩时，小伙伴能很快地说出一些国家对一种小鸟的称呼。费曼为此很苦恼，因为他什么都不知道。回家后他父亲告诉他，了解鸟的名字不是重要的，重要的是了解它的生活环境、作息习惯及如何捕食等，带着问题去观察，会有更多的收获。正是因为如此，费曼养成了爱思考、善于观察的好习惯，终于取得了很高的科学成就。

生活中需要很多策略性知识，只要家长善于捕捉，机会随时可得。比如，旅游策划、房屋装修策划、伙食营养搭配策划、请亲戚朋友相聚策划，等等。这些策划可以由家长与孩子共同完成，也可以让孩子独立完成。

**4. 培养孩子专注的习惯**

专注是思维活动，它能产生智慧。智慧需要有自由的时间和空间保证，更需要行动的自由。人的行动越多地运用智慧，人就越能保持内心的平静。一个人在工作中，他内在的智力越得到极大地发展，他的内心越平静，他越是守纪律。所有的孩子，你给他提供智力发展的所有条件，他会特别的睿智、平静、守纪律。如果培养孩子一两项有益的爱好，养成"专注"的习惯，形成"专注素质"，那么这种素质就会迁移到其他学习思维活动之中，使"优秀"成为习惯。

**5. 指导孩子撰写科学日记、科学随笔等**

如观察一种植物种子的萌发日记、一种动物的饲养日记、观察母鸡孵小鸡的记录、科学小论文、根据记录绘制家乡气候变化曲线图，等等。

对于初中一年级的孩子，家长不要用成年人的眼光在格式等方面要求孩子一定要写得像什么，更重要的是要让孩子喜欢写，能够大胆地写。孩子乐于动笔，能够将观察到的科学现象或结论等落实到文字，就更容易促进他主动地思考和探索。这个年龄段的孩子还可以通过编童话来表达科学事物。

### 6. 家长要成为"知识厨师"

假如把知识看成是有营养的食品，那么家长和教师就应该是"厨师"，加些调料，经过烹饪把有营养的知识变成"既有营养又好吃的美味佳肴"。教育的最高境界应该是教会孩子自己成为加工知识的"厨师"高手。

老子说："天下难事必作于易，天下大事必作于细。"家庭教育既是大事又是难事，我们要从细处着眼，从易处入手，找到教育的切入点，引起孩子心灵的震颤，让孩子在一次又一次的心灵震颤中，成长为最好的自己。

# 我们应该怎样做父母

### 案例一

美国人的调查：科尔曼报告

美国人科尔曼做了一个调查研究，这个调查研究的结果令美国人大吃一惊。

在这以前，人们只知道黑人学生的教育水平较低，并以为这种差距主要是由学校的办学条件造成的。

调查结果却发现，造成黑人学生学习水平低的主要原因不是学校的条件，而是学生的家庭背景。

如果孩子在家庭生活中没有养成"三好孩子"（身体好、性格好、生活习惯好），那么这个孩子就很可能成为学校的"差生"。无论学校的教师和校长多么能干，他们都很难改变孩子。

### 案例二

日本人的调查：三浦展报告

成绩好的孩子，母亲比较有条理又有趣。

做事有章法的孩子，妈妈通常是有计划且动作利落的人。

父亲越有礼貌，孩子成绩越好。

成绩不理想的孩子，饮食状况也比较混乱，依赖便利店的食物。

## 案例三

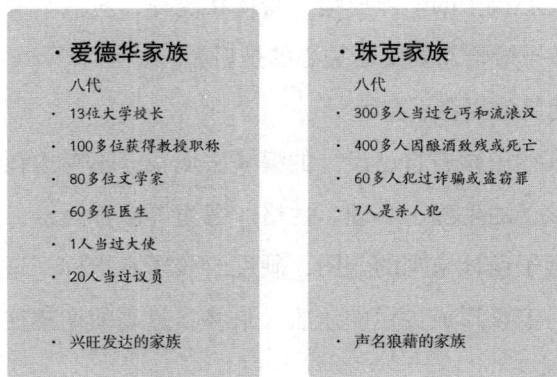

| · 爱德华家族 | · 珠克家族 |
|---|---|
| 八代 | 八代 |
| · 13位大学校长 | · 300多人当过乞丐和流浪汉 |
| · 100多位获得教授职称 | · 400多人因酗酒致残或死亡 |
| · 80多位文学家 | · 60多人犯过诈骗或盗窃罪 |
| · 60多位医生 | · 7人是杀人犯 |
| · 1人当过大使 | |
| · 20人当过议员 | |
| · 兴旺发达的家族 | · 声名狼藉的家族 |

图3　爱德华家族和珠克家族的对比

# 一、孩子喜欢什么样的父母

### 1. 理解尊重孩子

现在的孩子最渴望父母能真正走进自己心里，了解自己的思想动态、兴趣爱好、喜怒哀乐，从而理解、支持自己的选择和追求。可惜很多做父母的并不懂得这一点，他们只关心孩子的生活、成绩，却不去了解孩子丰富的内心世界。

### 2. 不摆家长架子

家长既是孩子的保护者，又是孩子的知心朋友。他们既尊重孩子的主动性和独立性，又施以必要的教育和引导。

### 3. 家庭和睦

罗素在《婚姻革命》中说："如果想让孩子长成一个快乐、大度、无畏的人，那就需要从周围的环境中得到温暖，而这种温暖只能来自父母的爱情。"

弗洛伊德也说："一个为母亲所特别钟爱的孩子，一生都有身为征服者的感觉，这种成功的自信往往可以导致真正的成功。"

### 4. 赏识自己

许多家长在教育孩子方面多少有些心理错位，不是用赏识的目光赞美自己孩子的优点，而是恨不得用放大镜去寻找孩子的缺点，更可怕的是处处拿别人孩子的长处比自己孩子的短处。

**5. 真正关心子女**

很多父母只关心孩子的学习成绩、身体状况等，对孩子的心理、思想、个性关心不够，而孩子恰恰需要父母关心的是后者。

**6. 对子女的期望值要合乎实际**

许多家长要求孩子顺着自己设计的模子去成长，不考虑孩子的兴趣爱好，不考虑是否符合孩子的生理、心理、性格、智力等多种因素，而只从自己美好的愿望出发，为孩子设计未来的蓝图，硬性给孩子定指标，这容易造成孩子的逆反心理，甚至与家长形成尖锐的矛盾。最终，过高的期望往往使孩子无法实现，只能成为泡影。

## 二、合格父母的三种基本能力

**1. 学会发现**

（1）发现孩子，发现自己。

（2）尊重孩子，给孩子快乐的童年。

（3）多元智能理论告诉我们，每个人至少有8种智能，即人际智能、内省智能、空间智能、数理逻辑智能、肢体运动智能、音乐智能、言语智能、自然观察智能等。

**2. 学会播种**

播下爱的种子，这是父母送给孩子一生受益无穷的礼物。一个有爱心的人才会有责任感，才会面对挫折充满自信地生活。

**3. 学会交流**

父母与孩子之间良好的沟通也是教会孩子将来如何与这个社会融合的重要途径。

（1）把孩子当成独立的人。

（2）学会倾听。

（3）相信孩子。

## 三、给父母的三条建议

**1. 为关键年龄的孩子提供关键的教育**

（1）成长的关键期

① 幼儿园（3岁前后）：孩子的成长遵循"潜能递减法则"，在身体好、性格好和生活习惯好的前提下早期智力开发越早越好。在孩子0~3岁期间，母亲的作用大于父亲。

② 小学四年级（9岁前后）：建立规则的关键期。9岁前后的孩子容易处于焦虑之中。

③ 初中一年级下学期（13岁前后）：自食其力的关键期。在孩子13岁前后，父亲的作用大于母亲。

（2）让孩子在关键年龄做关键事情

① 幼儿园和小学低年级：面对面、手把手地教。

② 小学六年级和初中：肩并肩地做。

③ 高中和大学：恢复传统的"书信教育"。

（3）小学六年级—初一（13岁前后）问题少年的预防

① 阳光治疗。（森林治疗）

② 运动治疗。（劳动治疗）

③ 作品治疗。（让孩子生活在自己的成就之中，生活在希望之中）

**2. 让孩子建立四个习惯**

（1）吃饭习惯

① 少吃零食。

② 定时就餐。

③ 不偏食、不暴饮暴食，营养齐全。

④ 早吃好、午吃饱、晚吃少。

⑤ 提速从吃饭开始。

有些孩子成绩差不是因为智商低，而是因为速度慢，全家人围着一个桌子吃饭，哪怕不说一句话，也是最好的家庭教育。

餐桌教育的"三个不":

①不训斥。

②不看电视。

③不说坏消息。

（2）睡觉习惯

①少看电视。

②少上网。

（3）劳动与消费习惯

①少给零花钱。

②为孩子建立一个银行存折。

③让孩子尽早建立挣钱的意识，不要以为挣钱就是自私自利。

（4）建立四个学习习惯

①笔记的习惯：重点、逻辑、快速、关键词。

②回忆的习惯：理清脉络、建立网络。

③归纳的习惯：节、章、单元、全书、学科。

④读书的习惯：博览群书、厚积薄发；泛观与精思；不指读、不斜视、不出声。

### 3. 让孩子成为"有优势"的人

（1）先扬长再补短，扬长顺便补短。

（2）先尝试"多方面兴趣"，再集中"发展特长"。

（3）竞技类运动、竞技类艺术（琴棋书画）。

（4）个人生活史中的成长元素：

祖父母的智慧：讲故事。

父母的智慧：不是教训，是关心并帮助。

朋友的样式：善良、义气、礼貌。

教师的唤醒：听讲与自学。

成长的元素：劳动与自食其力。

## 四、家长需要牢记的六个忠告

忠告1：少年时代是一个口无遮拦的时代，这不是缺点，而是他们成长的一个特点。我们要尊重他们的未成熟状态，童言无忌才能健康成长。

忠告2：从来没有一个时代像今天这样需要以孩子为师，反省自身，保持童心。两代人相互学习，共同成长。

忠告3：家里有个青春期的孩子，就要备一本性教育的书，让孩子懂得什么是真正的男人和女人，什么是真正的爱情和婚姻。

忠告4：全部儿童教育的使命就是发现儿童和解放儿童。发现儿童就是发现儿童的潜能特点和成长规律；解放儿童则是解除捆绑儿童的各种束缚，捍卫儿童的权利。

忠告5：没有爱就没有教育，问题在于爱有真假之别。溺爱孩子根本不是爱，而是一种软暴力，是对孩子权利的剥夺，其实质是不把孩子当成一个独立的人。

忠告6：孩子是在体验中长大的，我们不能代替孩子成长，也不能代替孩子体验。

共勉之语：

别把孩子当玩具——爱理不理。

别把孩子当饰品——随意摆弄。

别把孩子当容器——硬灌知识。

别把孩子当机器——机械指令。

别把孩子当面子——过早教育、过度教育。

别把孩子当出气筒——谩骂讽刺、殴打体罚。

# 怎样指导孩子学习取得成功

各位家长：

望子成龙、望女成凤，使我们的孩子健康成长、早日成才，是我们每一位做家长的共同愿望。但关键是如何把希望变成现实，如何做好我们孩子的第一任启蒙教师和终身教师，这里面却有着大学问，而这种学问并不与你的学历高低、官职大小、财富多少成正比。因此，对于任何人，我们都有必要在家教这门学问中学一学，进行深入地研究探讨，以便使我们的家庭教育事半功倍。

我们的孩子现已进入初中，初中是人一生中最为关键的阶段，是世界观形成和知识增长的重要时期，也是关系到他们能否考取理想的高中进而进入理想大学殿堂的关键阶段。从某种意义上讲，初中比高中更关键，因为中考一生中只有一次，而高考可以有很多次。因此，我们应特别关注孩子三年的初中教育。

人的一生从生理和心理变化的角度来看，有三个时间变化最为激烈，学生的行为举止、思想意识会有明显的动荡，把握不好会遗憾终生。分别是小学四年级、初中二年级和高中一年级，而尤以初中二年级最为激烈。我们的孩子现在是初一第二学期，也就是说他们正处于性情动荡的前奏，我们做家长的尤其要把握好分寸，掌握技巧，指导教育到位并恰当，以保证我们的孩子不但在学业上取得成功，在心理和生理上也能健康地成长。

怎样做好家长？根据家教专著的一些观点，我将其归纳为家教十条，借花献佛奉献给各位，以为共勉。

### 1. 称赞与批评比例应为3：1

马克·吐温说："别人的一句赞美，会让我足足高兴两天。"激励的效应永远大于批评，过分的挑剔会使孩子丧失自信，最后导致丧失信心。也就是你经常说孩子"笨"，他就真的"笨"了。如果我们能恰当地帮助孩子获得成功，使其体会到成功的喜悦，他很可能就以此为立足点，开辟他新的天地。

**2. 期望值不能过高**

过高的期望值会使孩子背上沉重的十字架，精神负担的超负荷容易导致孩子的心理疾病，学习效率低下。有的虽然学习成绩很好，但他的情商却很低，最后难以适应竞争激烈的社会。坚决树立孩子的身心健康是第一位的。初中与小学不同，学习的难度、深度和广度都有很大程度地提高，考试标准也有所不同，孩子有一个适应的过程。因此，孩子的分数比小学有所降低也是正常的，不应大惊小怪，更不能求全责备，而应给其一个宽松的心理环境，帮助他迅速适应初中学习，度过困难期。

那么初中和小学的学习有什么区别呢？最重要的一点就是学习方式和学习习惯的改变。小学由于孩子智力水平的限制，获得知识的方式主要是识记（也就是死记硬背）这种较低等的学习层次。而初中学生的智力水准完全可以依靠理解来灵活运用知识，把知识学通、学活。因为小学的学习内容较少，很多科目并不需要记笔记，课后也不需要在完成作业后再进行练习巩固；而初中不同，学生只有记笔记才能集中注意力和便于巩固复习。因此，我们提倡初中学生要学会"六学会"——学会听课、学会记笔记、学会思考、学会讨论、学会复习、学会操作。这是重要的转变，而且还非常关键，但孩子不一定认识到这一点，需要我们的提醒和培养。

**3. 情绪不能失控**

孩子成绩不理想，但家长不必太过激动，工作应做在平时，孩子遇到困难，应设法帮助解决才对。从心理上说，人在情绪异常时智商最低。

**4. 家长意见要统一**

如果家长管教孩子意见有分歧，并被孩子听见，一定会有无所适从的感觉。家长管教孩子必须齐心，若意见不同应该私下协调，对于大的原则彼此意见要一致。父母任何一方对某一规矩坚持的时候，另一方不妨让一步，父母也可以分管不同的范围。最忌家长当着孩子的面指责甚至训斥另一方，这样会降低家长在孩子心目中的形象和地位，给以后的教育带来更大的障碍。也不能与教师闹分歧，"亲其师才能信其道"，要维护教师的形象。

**5.不能滥用奖励**

温德说："用奖励的方式制止孩子顽皮无异于贿赂，这样做也等于暗示父母定下的规矩是多余的。"孩子做对了再给奖励，这才是正确的做法。应该让孩子体会到，有了好表现，也可以从中得到满足感。但奖励最好不要用金钱，即使用金钱，数额也不能过大。奖励过频、过大，奖励将会失去作用。

**6.忌絮絮叨叨**

孩子有了过错便没完没了地唠叨，见头说头、见脚说脚，孩子被骂的烦了、腻了，教育也就失去作用了。

**7.创造好的学习环境和学习氛围**

孩子学习的时候要让他注意力集中，对他的干扰因素要尽量减少。试想，你打麻将声声、电视里热热闹闹的，孩子怎么能专心。现在提倡亲子同学，整个家庭学究气十足，孩子不会差到哪去。

**8.切莫用家长的标准来要求孩子**

什么都用你的标准来衡量孩子对与错，到头来孩子就是跟你一样，即"蛋壳化人格"。所以必须培养孩子有独立的个性，有创造性的思维。有一位科学家到朋友家做客，其友正在训孩子，原因时孩子拆了他们家的马蹄表，那位科学家对他的朋友正色到："你可能扼杀了一个天才！"

**9.最忌父母严于律儿，宽于律己**

常言道："身教胜于言教。"父母的行为直接影响孩子的为人和处事方式，这就是所谓的"有其父必有其子"。孩子的修养品位主要来自父母的熏陶，要培养孩子有个好的人格，要讲诚信，孩子的学习问题解决的不仅是学习的好坏，更重要的是人生观和价值观的问题。

**10.帮助孩子养成良好的学习行为习惯**

叶圣陶先生说："凡是好的态度和好的方法都要使它化为习惯，好的态度才能随时随地表现，好的方法才能随时随地应用，好像出于本能，一辈子也用不尽。"

（1）勤奋学习的习惯

爱因斯坦在总结自己成功经验时说："天才是百分之九十九的汗水加百分之一的灵感。在天才和勤奋之间，我毫不迟疑地选择勤奋，她几乎是世界上一切成就的助产婆。"现在，不少孩子缺乏的恰恰是这种勤奋，他们怕苦、怕累、怕烦、怕难，不是硬性的任务不去做，不到考试不复习。有人对学习好和学习差的学生进行了解和跟踪调查，发现学习好的遇到难题思路开阔，一种办法不行马上想出另一种办法，甚至尝试十几种方法，而学习差的显得特别懒惰，他们学习优劣的差别就在于此。

（2）专心学习的习惯

学习专注是所有学者的共同特征。专心可以集中精力，调动整个大脑神经系统解决问题，高效率地完成任务；分心就会降低学习效率，甚至对本来可以弄懂的问题也感到迷茫。目前，有些孩子习惯于边学习边玩耍，学习时总是想着玩耍的情形；还有的孩子兴趣太广，买的书太多，以至于不知道先看哪种好。

（3）认真学习的习惯

看待问题，囫囵吞枣，做作业敷衍塞责，不懂的地方不钻研，甚至不懂装懂，这种坏习惯不改将来可能一事无成。有人说："马虎比不懂还可怕。"不懂还会使你去学、去弄懂它，马虎连学的目标都找不到。

（4）讲究效率的学习

有些孩子做事磨磨蹭蹭，看书虎头蛇尾，往往整天泡在写字台前，就是没什么效果。怎样克服呢？首先要让孩子明确提高效率的必要性和重要性，要认识到这是适应新时代工作和生活快节奏所必需的，即使单从考试的角度来看，答题慢的连题都做不完，过去教师和家长常说："千万别急，宁肯慢点也要做对了。"这种考试的要求将会逐渐不适应形势的发展；其次，在训练孩子提高效率的过程中，要教会孩子节约时间，每天睡觉前跟孩子一起统计一下时间，这一天有多少时间虚度了，一天一小结、一月一大结、年终一总结，逐渐培养起孩子的时间观念；第三，重视孩子养成生活学习有序的习惯，每天几点起床、几点入睡、什么时间做作业、什么时间阅读课外书都要有计划，让习惯成自然；第四，要劳逸结合，文理交替，穿插文体娱乐，否则不但效率不高，还会有害身心发育；第五，要及时复习、预习，孩子每天做作业前必须复习当天学习的内容，然后再完成作业，最后预习第二天主要的学科，预习不但可以使孩子找到听课重点，提高效率，还可以培养孩子的自我学习能力、思考能力，增强孩子成功的喜悦，逐渐培养起勤学好问的兴趣，有了兴趣就成功了一半。

（5）虚心好问的习惯

孩子不明白的要鼓励他发问，千万不要打击。如果孩子的问题你觉得很简单，一句"这么简单的问题都不会"会严重打击他们的自信心。有问题说明他真正思考了，要鼓励孩子向家长、老师、同学以及一切能问的人发问。学问学问，就是学和问出来的。

（6）耐心教人的习惯

别的孩子学习有困难，一定鼓励自己的孩子给予适当的帮助，不要认为这样做会耽搁自己孩子的时间，恰恰相反，孩子在为别人讲题之前，自己一定做认真准备，钻研一定会更加细致深入，这叫"教学相长"。这样不仅促进孩子本身的学习态度和学习效率，也融洽了同学感情，每天心情愉快地投入到学习生活中去。

各位家长，家庭教育是一门大学问，很多问题是智者见智、仁者见仁。今天我谈了一些浅显的拙见，如有不当之处请各位指正。最后祝各位家长的家教取得成功，祝您的孩子将来成就辉煌！谢谢！

管理篇

教学篇

感悟篇

家教篇

教育篇

# 凝聚师生智慧　形成学校发展合力

一所学校能否走上高品位的发展轨道，核心动力来源于课程建设。日本学者左滕学在《静悄悄的革命》中说："所谓课程，一言以蔽之，就是学习的经验。"也就是说，课程就是全体师生学习的经历、轨迹，它包括课程的规划、开发、实施和评价。课程是学校教育的载体，反映了学校文化的个性，课程的品质决定着学校的教育质量。只有着眼于课程领域的改革，才能突破学校发展的瓶颈，创新学校课程，实现学校文化建设的新的价值。

莲花中学秉承"为师生发展搭建不设边界的平台"的办学理念，努力"用爱和智慧打开让孩子看得见自我的门"。多年来，莲花人孜孜以求，探寻学校整体课改路径，在学校管理、文化建设、课程目标、课程内容、课程组织形式、课堂教学方式和学生个性激励等方面进行积极探究与尝试。

## 一、课程改革策略：不只是"改课"

"课改"不能只是"改课"，只有在课程开发、课程实施方式和课程评价方面综合规划、整体推进，才能从根本上改变我们课程结构的弊端。教育改革还应该从思想深处上改变，思想不变而方式方法的变化只能是小打小闹。教师只有超越自我、改变自己的思维模式、真正通晓先进的教学理念，才能真正明确课改的目标和意义，才能主动寻求达到目标的最佳途径，选择最佳的教学方法。所以，莲花中学的课程探索是整体的，不是局部的；是全面的，不是片面的。

**1. 丰富课程内容，培养创新能力**

莲花中学是深圳市创新教育特色学校，其特色追求是独特、优质、长期、广泛；独特性在于我们设课的目的是培养学生创新思维，教给学生思维工具，教会学生思维方法，而不是为了组织学生临时拼凑几件作品去获奖。我们的口号是"创新——创意——创造"，即学生将思维工具和思维方法广泛用于各个学科的学习之中。

我们提出以拓展学生阅读量为目标的大语文阅读，让语文学习"走出教材、走出课堂、走出学校"，从广度和深度上拓展语文学习空间。大语文阅读丰富了孩子的阅读量，培养了孩子爱读书、会读书、读好书的习惯，深受家长和孩子的欢迎。

我们主张以改善生物教学方式为目标的深度学习，目的是通过教师的深度备课，将学生的学习引向"深度"状态，以期培养学生综合的发现问题、分析问题、解决问题的能力。目前，我们学校是全国生物学科深度学习实验校。

我们还开发了以培养学生形态美为目标的形体课、以培养学生逃生能力为目标的安全体验课、以培养学生体育技能为目标的足球和篮球课、以培养学生写字规范为目标的书法课，以及以培养部分学生组织协调能力为目标的领袖课。

**2. 探索实施路径，转变教学方式**

莲花中学在课程实施过程中，积极倡导推进教与学方式转变的课堂教学，在知识呈现形式变化的同时，努力探索教学组织形式的变革，以真正落实因材施教、分层教学的教学原则。

我们积极进行教学组织形式的探索。从2015年3月份开始，打破传统的教师、教材、课堂和学科四个中心，颠覆传统的教学模式，构建起以学生、活动为中心的新型学习模式。在初一年级的英语和数学两门学科按学生学习能力分层，进行走班教学，使学生拥有不同的课程表。

莲花中学实行分层走班制是一次教学组织方式的重大变革，期望最大限度地实现培养目标的多元化，既让基础良好的学生有更大的发展空间，也让原来可能被忽视的学生找到最近发展区有进步成长的平台，找到学习生活的尊严和自信。在实施过程中可能会遇到一些问题，但我们相信通过教师和孩子的努力一定会迎刃而解。

## 二、课程改革路径：搭建教师专业发展的平台

学校课程建设的主体是广大教师，教师的专业化发展水平决定着课程建设的优劣，也决定着学校发展的品位层级。为此，莲花中学全面把握教师专业发展的基本特征，深刻分析教师专业发展的内在机制，积极探讨教师专业发展的基本策略与路径，为教师专业发展搭建广阔的平台，是学校能够成功课改的关键，更是学校高品位、高质量发展的根本保证。

### 1. 努力提高教师专业自主发展的自觉性

教师自我发展的自觉性是专业快速成长的内驱力，绝大部分教师对自身的专业发展还缺乏必要的认识和理解。因此，在教育实践中教育教师明确自身的专业地位、确立自身专业发展理念、规划自我发展步骤，是促进教师专业成长的首要工作。

学校通过成就激励与制度约束培养教师的责任意识，激发教师的成就感，进入享受育人过程的境界，努力向好教师和大教师的层级发展。一位优秀的教师必须具有对教育事业执着的追求情怀、自然流淌的才情、独特的视角、跃动的情感和静心做学问不为虚荣所动的境界。要让教师感到自己的差距，培养其事业成就意识。

### 2. 提供更多促进教师专业发展的"关键事件"

某些特定事件即关键事件，以及特定时期和特定人物对教师的专业发展产生重大的影响，为教师的专业发展提供契机，给教师创造一些选择和改变的机会，促使教师对自我已有的内在专业结构进行合理性、适应性的评价和最终决策，也促使教师对长期累积所形成的教育教学经验加以梳理和体悟，引发教师自我清晰化的思考，促进包括教师个人教育观念在内的教师专业结构的建构和重构。

### 3. 重视"经验的移植和整合"

莲花中学积极倡导灵活地移植，反对机械地照搬照抄。教师从事教学工

作，除了要具备扎实的专业知识、广博的相关学科知识外，还应该积累教育教学智慧和管理经验，形成个人特色。移植就是把别人的经验运用到自己的实践中，或借用别人的理论（成功经验的抽象、概括和物化）来分析、理解和改进自己的教学实践活动，这是教师专业发展的一条重要途径。

但移植绝不能仅仅停留在移植的表面，为了能够使移植成活，必须深入理解"被移植标本"的特性，掌握其核心要件，规范移植操作流程，加以合理化整合，使之内化为自己的经验。

## 三、课程改革保障：构建民主、包容、和谐、进取的校园文化

"三类学校靠人治，二类学校靠法制，一类学校靠文化。"因为健康的校园文化可以陶冶人的情操、启迪人的心智、规范人的行为，促进学校的全面发展。学校文化是学校师生通过教育与教学活动所创造和形成的精神财富、文化氛围，以及承载这些精神财富和文化氛围的活动形式和物质形态，它包括物质文化、精神文化和制度文化。

**1. 制度文化是促进教师专业发展的必要力量**

教师的专业发展离不开精神文化的浸润，校园文化的灵魂与核心就是精神文化。民主、包容、和谐、进取的人文文化氛围会形成一个强大的正能量"场"，如一双巨手牵引着师生不甘于平庸，奋勇向前。人文文化的核心追求就是"人本化"，让冰冷的制度带着体温。在管理方式上，我们倡导对话协调、合作共生而非独断专行、一人独尊；在用人制度上强调"赛马"比"相马"重要；在评价方式上推崇"个性化激励"，而非"甄别与选拔"。

**2. 精神文化为孩子打开看见自我的门**

"无旧无以为守，无新无以为进。"继承和发展是校园文化构建的两大主题。莲花中学校园文化在继承的基础上，提出了新的办学理念——"为师生发展搭建不设边界的平台"；新的教学追求——"让孩子坐在驾驶位"；新的德育追求——"用爱和智慧为孩子打开看得见自我的门"。另外，我们还丰富"文化自觉"内涵，培养师生自觉、主动的文化习惯。

### 3. 物质文化是精神文化的载体

良好的精神文化需要丰富的物质文化来体现，我们高度重视了以下几个方面：一是要有总体的规划方案，统一布局；二是要凸显科技和教育主题；三是合理搭配色调；四是做到"密不透风、疏可跑马"；五是要整洁规范，便于更换；六是孩子的作品要成为展示的主体。这样的潜隐性课程不仅使师生赏心悦目，还会使之受到文化激励和艺术陶冶。莲花中学积极构建"展示文化"，把校园变成一个大的教育场，让师生经常能够"撞见"知识、规则、榜样、自己的作品和深刻的哲理故事，时时刻刻都能受到熏陶、获得启迪。

# 为教师的专业发展搭建不设边界的支持平台

一所学校能否走上高品位发展的轨道，核心动力来源于教师的专业发展。多年来，我们深刻分析教师专业发展的内在机制，为教师专业发展搭建广阔的平台，积极探讨教师专业发展的基本策略与路径。

## 一、教师专业发展的基本认识

### 1. 教师是自身专业发展的主人

影响教师专业发展的因素有内因和外因两个方面。外因是指教育行政部门或学校对教师进行有计划、有组织的培训，它源于社会进步和教育发展对教师角色行为的规范要求与发展期望；内在因素是指教师的自我学习与培训，它源于教师自我发展的渴求。内因是变化的根据，外因是变化的条件，外因通过内因而起作用。所以，内在因素的影响对于教师专业发展起着关键作用。教师专业自主是教学专业的一个基本特征，它意味着教师对自己的专业发展负责。教师个人专业自主不仅包括教师的教学自主——依其专业知识和技能从事教学工作，依照《课标》自主安排或调整教学内容，选择适合的教学手段、教学方式和教学方法；而且包括教师的专业发展自主——教师能够根据自己意愿和能力自主制定适合自己的专业发展目标、实施步骤，选择自己需要的学习内容。

影响教师的自我更新有两个核心要素，即教师专业发展自主意识和专业发展自主能力。教师的专业发展自主意识是教师真正实现自主专业发展的基础和前提，它既能将教师过去的发展过程、目前的发展状态和以后可能达到的发展水平结合起来，激发教师对自己专业发展的责任感，确保教师专业发展的与时俱进和自我更新。

教师专业发展的自主能力是在教学专业活动中形成并得以发展的。在教师的专业发展过程中，教师的专业活动尽管有多种形式，但从总体上看，课堂教学才是教师最基本的专业活动形式。因此，对教师专业发展机制的探寻也应该根基于教师课堂上的教学活动。

**2. 教师专业发展是个性化教学风格的形成过程**

教师的专业发展明显带有个性化的倾向，它不是简单把现成的教育知识或教育理论应用于教育实践的过程，而是需要将普通理论个性化，与具体的教育情景相适应，并与个人的个性特征相融合的过程。也就是说，教师在系统学习"理论知识"的基础上，更要梳理和批判地反思个人已有的教育经验和观念，并把普通的"理论"与个性的"实践"相整合，完善个性化的教育运行路径。

**3. 解决教育实践中的问题是教师专业发展的出发点和归宿**

教师的专业发展更多的是在教师的教育实践中实现的。教师首先关注的主题是置身于教育情境的改善和教育教学实际问题的解决，并以解决实践性问题为目的，"为了实践、关于实践、在实践中"构成了教师专业发展的主线。

**4. 校园文化氛围是教师专业发展的现实土壤**

一位教师的专业成长离不开学校总体的教学研究环境，离不开学校的组织文化氛围。教师专业素养中最为核心的实践性知识和个性化的教育观念正是教师依存于特定的背景，以特定的教室、教材、同伴、制度文化，以及特定的孩子为对象，在真实的教育教学场景中形成的，是在充满情感、理想和特定的组织文化环境中逐步发展的。

教师的专业发展必须与各中小学的学校改善及其全员发展一体化。如果把整个学校培育成学习型组织，那么教师团队就会自然发展成"沃态团队"（理念超前、能力出众、关系和谐、团结协作），教师专业成长的列车就会走上自我启动的快车道。

## 二、教师专业发展的基本策略与路径

### 1. 营造民主、包容、和谐、进取的校园文化

虽然教师的自我发展是教师专业发展的核心，但鉴于旧有知识包含的价值

规律与今天的认识不完全一致，教师的自我分析和反思必然受到自身"惯性"的影响，教师成长如果完全依靠自我的努力而不借助于外在的培训或帮助是非常困难的。教师专业发展离不开外在的指导及外界所提供的更为正规、更为公开的专业发展活动，更离不开良好的学校环境在时间、资源等方面的必要支持。

首先，制度文化的建立构成了从外部促进教师专业发展的必要力量。在教育教学实践中，针对教师不同的发展阶段应当采用不同的管理方法。例如，当我们的教师成熟度、工作的自觉性还不是很高的时候，应该加大外部刺激的力度，用种种制度来规范教师的教育教学行为；而对成熟的教育教学骨干，则可以采用参与式或授权式的管理方式（民主化管理），以尊重教师的专业地位和专业发展方式。教师晋级、职称评聘中的一些硬性规定等，对促进教师的专业发展也会产生一定的积极作用。

学校的评价不适用于单纯的量化评价，它容易掩盖个性化问题，不能起到评价促进发展的目的。应该采用量化和描述性评价相结合的方式，优点得到充分肯定，不足也有所体现。管理大师德鲁克有句名言："知识分子是不可以被领导的。"不能被领导，那么怎么管理呢？就只能滋养，包括物质滋养、精神滋养和灵魂滋养。物质滋养可动用的资源有限，灵魂滋养可运用的空间较窄，那就只有多从精神滋养入手，比如情感滋养、荣誉滋养、舆论滋养等，都是可以做出大文章的标题。滋养的前提是尊重，根据马斯洛的层次需要理论，教师在具有归属感的基础上得到尊重，才能发挥他最大的潜能，才会有更高的人生事业的价值追求，享受事业的成就。

**2. 不值得做的事就不值得把它做好**

"不值得定律"告诉我们：不值得做的事就不值得把它做好。减掉不值得的事，腾出时间做有意义的工作，是教师专业成长的时间保证。教师的专业发展除了需要丰富的学习和教学资源、友善的同事关系和教师团结、支持性的领导方式和管理行为、互动的师生交流和相互理解之外，更为重要的是要有充分的学习和合作时间。我们到美国、中国香港、中国台湾等地参观学习，发现他们教师的上课负担比我们重得多，但他们并不感到倦怠，原因是他们工作很单纯，就是教育教学。回过头来看看我们，就教师工作样态来说，虽然上课课时不多，却承担了没完没了的非教育教学工作：检查评比名目繁多、汇报填表铺天盖地、会议活动多如牛毛、讲座培训一波接着一波，让人应接不暇。教师不胜其烦，精神疲惫，还哪有精力和心思琢磨自己的专业发展。学校要努力为教师腾出时间，减少或合并开会和活动等项目，去掉繁文缛节，降低与教育教学关系不大的工作要求，让"喧嚣"的校园静下来，回归学校养德行、健身心、做学问的本源。

**3. 提供更多促进教师专业发展的"关键事件"**

某些特定事件即关键事件，以及特定时期和特定人物对教师的专业发展产生重大的影响，更容易成为教学中的关键事件，为教师的专业发展提供契机。关键事件给教师创造了一些选择和改变的机会，促使教师对自我已有的内在专业结构合理性、适应性进行评价和最终决策，也促使教师对长期累积所形成的教育教学经验进行梳理和体悟，引发了教师自我清晰化的思考，促进了包括教师个人教育观念在内的教师专业结构的建构和重构。

在教育过程中，如专家讲座、典型课例观摩与评议、教师论坛、教育沙龙、教学竞赛、名师评比、ppt教育故事评比、观看自己上课录像、编写教育教学资料、学生意见调查等，都可以成为关键事件，成为教师超于自我、改变心智模式的拐点。

教师的专业发展仅有关键事件本身还是不够的，教师自身还必须要有一个自我澄清的过程——对自己过去已有专业结构的反思、对未来专业结构的选择和在目前情境下如何实施专业结构修改、调整或重新建构的决策。只有这样，教师才能做到专业自觉，由应然状态走向必然状态。

**4. 重视"经验的移植和整合"**

教师从事学教，除了具备扎实的专业知识、广博的相关学科知识外，还应该积累教学智慧、个人特色和教学管理经验等教育实践性知识的，它需要教师不断地积累。相对于教师个人的长期摸索、总结而形成经验，以观课为重要形式的"经验的移植和整合"，以及研究和借鉴具体而鲜活地存在于身边的他人（专家）经验则显得更为便捷。

"移植"就是把别人的经验运用到自己的教学实践中，或借用别人的理论（成功经验的抽象、概括和物化）来分析、理解和改进自己的教学实践的过程，这是教师专业发展的一条重要途径。但移植绝不是对别人思想、经验的生搬硬套，移植过程要遵循"仿—疑—创"的操作轨迹。仿就是模仿，模仿成功做法的核心理念和操作流程，最忌临渊羡鱼、邯郸学步；疑就是质疑，要敢于怀疑和质疑，做到去伪存真、去粗取精，要有批判精神，绝不要生搬硬套；创就是创新，教师在演练成熟的套路的同时，结合自己的教学风格，以及学生、学科和学习内容的特点，调整教学策略，形成自己独特的风格。所以，"移植"绝不能仅仅停留在移植的表面，那种只是为了熟悉教材内容的听课行为最多能达到"依样画瓢"的程度。为了能够使"移植"成活，必须深入理解"被移植标本"的特性，掌握其核心要件，规范移植操作流程。比如我们去观课，听课前充分准备，听课时实录评点，听课后及时讨论、对比研究、总结积累，了解执教者的课时安排、前一课时和后一课时的教学内容等。

**5. 制定以"磨课"为抓手的"反思性探究和实践"**

"反思性探究和实践"就是从研究自身的专业活动出发，把自己的专业活动作为教师专业发展中的"关键事件"，这是一条丰富教师个人的教育教学智慧更为可靠、更有价值的路径。教师对自己专业活动的反思包括以下六个环节：

一是完备教案：教师独立撰写教案，再参照参考资料调整，由专家指导后完善教案。

二是实践行动：教师上课，专家观课。

三是反思剖析：教师反思，专家评议，分析问题原因。

四是改进或创新：教师自我提出改进意见，专家提供备选建议。

五是新的尝试：再次上课、观课。

六是再次进入新一轮的反思实践。

经过这样的"磨课"，教师会不断自我冲击原有的思维方式，跃上新的层级高度。每位优秀教师都有类似的磨课过程，著名教育家于漪先生就是在不断地自我打磨中练就了问不倒的功夫，达到了随心所欲的语文教育境界。

促进教师专业发展的反思性探究有两个不同的层次，即指向教师专业活动本身的反思和指向教师专业发展过程的反思。我们反思的是教学目标是什么；

通过什么渠道达成目标的；达成度如何；孩子是否进行了自主、合作和探究学习，以及怎样进行自主、合作和探究学习。所有这些都是实践性知识，可称其为小写的理论，这是反思性探究的第一个层次。但如果再深究这些教育行为背后的原因，或者说把这些切身体验能否与一般的教学理论（大写的理论）联系起来，才达到反思性探究的高层面。跳出一堂课的思考，把教学行为上升到"我的专业任务完成得怎样"上来，就把教学反思真正指向教师专业化成长的目标上来，这种发展过程的反思构成了促进教师专业自我发展的根本方面。我们常常总结经验，也善于传播经验，但就是不愿意把经验上升到理论的高度，而这种对理论的漠视往往是一般教师向大教师跃升的瓶颈。

教师的专业发展应当是一种"造血机制"，而不应该是一种"输血机制"。在"反思性探究和实践"中，对于刚刚接触新教育思想和观念的教师而言，他们经过学习可能了解新的教育思想，但不知道在教学实践中如何操作，此时专家"捉虫"非常必要。但随着教师专业化水平的不断提高，促进教师专业发展的"反思性探究"还需要完成从专家评课向自我评价、从外控教师专业发展向内控教师专业发展转变。

**6. 行动研究**

行动研究就是把教师教育教学实践中遇到的问题拿出来研究，并把研究成果应用到教育实践中。这种行动研究必须学会寻找研究"靶点"，并制定周密的研究方案，使教师进入研究状态，成为研究型教师。这个过程要有教育专家的引领，学校要创造机会，请进专业研究人员，指导帮助教师"开发教学案例""建设校本课程""建立学习型组织"，针对教育改革中的热点、难点问题开展教育行动研究，以促进教师专业发展和拓宽教师专业化水平发展的实践平台。

行动研究本身不仅可以解决教育实际问题，更重要的是可以带领教师走上研究的轨道。随着教师的创造力从沉睡、唤醒到发挥、提高，教师的个体生命力得以焕发，并指向和影响社会及整个教育，教师本人也从普通教师逐渐走向事业成熟。

### 7. 完善继续教育管理系

教师培训中心是教师专业化发展的加油站。但有些教师却认为教师培训是负担，浪费时间，成效低微，所以积极性不高。如何解决继续教育有效性的问题，我认为可以从以下几个方面入手：

一是要优化培训队伍。教师培训的质量高低取决于讲师的水平。我们发现，很多讲师水平一般，不但浪费了广大教师的时间，也挫伤了大家培训进修的热情，混学分的现象成为普遍。

二是精选培训内容。培训项目一定要有吸引性，培训内容一定要与教师的现实需要相结合，提供更多的菜单，以满足不同学科、不同层次的需要。

三是规范培训制度。要简化培训认证制度，提高教师继续教育的选择性和针对性，实行继续教育学分累积制度，并颁发学分级别证。严格规定继续教育学分使用范围，设置教师职称评定、聘任的门槛。

四是创新培训方式。讲师"一言堂""满堂灌"是教师培训的常用模式。我们倡导教育学方式转变，要求教师上课把课堂还给学生，可讲师培训的方式还是老调调，怎么能对教师教学方式的转变起到示范和引领作用呢？

### 8. 组建研究团队

组建工作室、建立一定量的学习型组织是促进教师专业化发展的有效措施。工作室的数量不宜过多，过多则稀释了工作室的重要性。工作室要有严格的管理制度，建立虚拟办公室，实行统一领导、分类管理模式。明确工作室的任务，实行任务驱动，定期完成任务目标。指导工作室制定远期和近期目标，并进行任务分解，明确各位成员职责，明晰各阶段任务目标，指导工作室成员真正进入研究状态。只有对工作室规范管理，才能真正发挥工作室的研究、示范、带动和孵化作用，促进教师专业化发展。

教师专业发展是一个持续不断的过程，它不是一个运动，也不是通过一时地突击可以奏效的。所以，教师的专业发展应该成为教师专业生活的应然状态，并渗透到教师日常专业行为的方方面面，伴随着教师的职业生涯，并享受成功的喜悦。学校要做的是为教师的专业发展营造氛围、构架文化、创造条件，搭建不设边界的专业发展平台。

# 自主经营　以人为本　回归教育本源

## ——现代学校管理制度之我谈

### 一、厘清政校关系

实现"校本性"经营，首先要厘清政府和学校的关系，真正体现学校的"法人地位"。现行的学校管理模式，外控式的管理特征比较明显，政校不分，学校法人地位、主体地位不明，教育法规制度不健全，依法治校不落实，学校办学主权不充分。学校运作主要是贯彻执行上级教育行政部门的要求，机械地执行上级意见，没有或不能有或不敢有自己的主张和创意，造成每天忙于应付上级布置的工作，应对上级的检查，弱化了办学者灵动的思考和创造性的思维。校长对学校只能是"管理"，而不能"经营"，不能按照自己的创意或教育理想规划学校，难以呈现真正的学校特色，造成了"千校一面，万生同形"的现象，当然培养不出多元化社会所需要的多元化人才。

去行政化、厘清政府和学校关系、教育管理变"外控形态"为"内控形态"、实行校本经营，是20世纪80年代中期开始在世界范围内兴起的学校管理改革运动的基本思想。其核心是强调教育管理权的重心下移，把学校作为决策的主体，运用分权、授权、协作和重心下移等形式构筑学校与外部（上级主管部门、社区等）及学校内部（校长、教师、学生等）的新型关系。其主要特点是通过权力下放实现学校自主管理和共同决策，提高学校效能。其最终目的是使学校在法律法规和方针政策规定的框架内进入自我约束、自我完善和自我发展的运行轨道，以便面向社会、面句需求、面向未来，主动寻找学生发展与社会需要的对接点。

施行去行政化的管理，可以按照"制度约束、契约管理、定岗定编、经费包干、委托评估、行家治校"的运行机制，按照学校"产权管理、运营和监督相对分离""权利、义务和责任相统一""管资产和管人、管事相结合"的原则，赋予学校真正的法人地位和充分的办学自主权。如上海市施行的对部分薄弱学校"委托管理"模式，是在明确政府公共服务职能的基础上，将政府公共服务实施中的具体事务委托给专业化的社会机构（优质学校或具有相应资质的教育中介机构），再由教育局委托上海市教育评估院对项目进行初态、中期及最后的绩效评估，论证委托管理方案。同时，教育局也要依法对支援机构的办学管理行为进行监督管理。这种"委托管理"激活了管、办、评分离并联动的机制，扩大了优质资源的辐射效应，加快了薄弱学校的发展速度，推动义务教育均衡发展。虽然还显"稚嫩"，还需制度完善和市场氛围培育，但应该说是学校管理去行政化的一种有益尝试，是打破"政校一体"管理模式的大胆探索。

## 二、确立经营理念

经营理念是系统的、根本的管理思想。管理活动都要有一个根本的原则，一切的管理都需围绕一个根本的核心思想进行，这个核心思想就是所说的经营理念。不论是盈利组织还非盈利组织，不论是企业还是团体机关，任何一个组织都需要一套经营理念。事实证明，一套明确的、始终如一的、精确的经营理念可以在组织中发挥极大的效能。要使一个事业永续成长、永续繁荣，必须认真做到几个原则：制定合于企业的经营理念；秉承经营理念，制定合于时代潮流的经营战略，不断提升良好形象；正确运用推动原则，以求达到所制定的目标。

学校经营与学校管理是不同的概念。管理学校是建立健全的制度和工作程序，核心是如何提高工作效率，完成目标任务。而经营学校，其核心是如何提高学校的社会形象和办学效益，谋求学校的生存与持续发展。学校领导者只有放眼社会发展、放眼世界、放眼长远，用执着的追求、流淌的才情、跃动的情感和独特的视角细心经营学校，才能使学校成为跨越时代的"杏坛"。

### 三、践行"人本"思想

办好教育，经营好学校，首先要弄清教育的本源目的，是"社会本位"还是"人本位"，亦或是二者兼顾，这关系到教育侧重的内容和教育的方式。单纯"社会本位"的教育目的是根据国家政治、经济、军事的需要，流程化地塑造适配社会的"工具零件"，忽略人本需求，忽略人的情感体验，其教育的产品不是有血有肉的人才。从个人的角度来说，教育指向未来的工作、幸福。试想，如果求学阶段是痛苦的，人生就有大约四分之一的时间不幸福，并且由于"苦学"很可能造就一个人一生人格的不健全，为未来的幸福埋下隐患，那么人生还何谈幸福？单纯的"人本位"撇开了社会需求，过分追求人的个性张扬，容易走向极端的自由化，人的社会群体规范性受到弱化，教育的社会服务功能受到弱化。教育的本源目的应该是根据社会发展的需要，最大限度地促进人的全面可持续发展，使人更加有道德、有智慧、有健康、有审美、有尊严，快乐而体面的生活。

现代学校应在"人本位"的思想指导下，把孩子和教师的成长和发展作为学校的核心价值追求。人是社会的主体，是教育和被教育的主体，无疑也应该是在物质和精神方面被广泛关注、个人潜能被充分开发的主体，所以教育内在的价值观就应是以"人的发展"为核心，以培养"武勇智术、魁伟动人"的各色人格健全的人才为最高目标。学校经营者就要设法搭建"人"的发展平台，搭建学生的发展"平台"，更要搭建教师的发展"平台"。

新加坡的中小学校长上任时，要颁发委任状，委任状上是这样一段感人至深、发人深省的话："你的手中是许许多多正在成长的生命，每一个都如此不同，每一个都如此重要，全部对未来充满着憧憬和梦想。他们都依赖你的指引、塑造及培育，才能成为最好的个人和有用的公民。"当校长举起右手，依此庄严宣誓时，沉甸甸的社会责任也就油然而生。

"人本"思想需要"滋润"，需要"体悟"，更需要践行。

## 四、实行民主管理

民主管理是学校进行"人文性"和"人本性"经营的具体体现。民主的价值取向是合作共生、对话协调，而非独断专行。真正的现代学校制度不应是引领校长走向权力的最大化，而应是引导校长管理走向专业化；不是引领学校管理走向"人治"，而应是引导学校管理走向更加民主、更加透明。学校办学趋向自主化地发展，相应地，校长的权力也必将扩大，但这并不意味着校长的权力趋于最大化。从某种意义上说，校长权力的最大化对于一个学校的发展而言并不是好事。如果校长的权力建立在学校内部各个机构权力相互有效制衡的基础上，或者说建立在科学和民主化管理的基础上，那么我们可以说，权力的扩大无论是对校长还是对学校都是有积极意义的。那么，如何建立民主化的学校管理制度呢？我认为，应该依据决策、执行和监督相互分离、相互制衡的原则，建立责权明晰的学校管理制度，为此需要健全由党组织、校行政、教代会和校工会四者责权明晰的学校管理系统。学校党组织是学校重大事情的决策机构和保障监督机构，以校长为代表的校行政是决策的执行机构，教代会和校工会是民主决策和监督机构。显然，目前许多中小学的管理还没有达到这种理想化的状态。对于当下的中小学校长而言，现代学校制度对校长的意义在于其职业化和专业化。这样，校长就可以以学者的角度，以专业引领者的高度，以学校共同愿景的设计和"推销者"的角色，更多地关注教育、科技、文化的发展态势，能够以民主方式、科学态度和人文思想去治理学校，使学校成为一个有底蕴、人文色彩浓郁的学习型组织。

## 五、推行"全纳教育"

人类早已进入了文明社会，对弱势群体的关爱是"文明人"应尽的义务。1994年，联合国教科文组织在西班牙召开"世界特殊需要教育大会"，正式提出"全纳教育"概念，号召世界各国推行。"全纳教育"是指没有排斥、没有歧视、没有差别的教育理念。全纳教育并不是指某些类别的学生，而是指所有人都有机会获得良好的教育，包括不同学生或者学习者不同的需求，在这个基础上进行教育。

全纳教育在学校层面，一是学校不能拒绝有接受普通教育能力的特殊儿童进入普通学校就读，使他们早些融入群体、融入社会。新修订的《中华人民共和国义务教育法》第十九条规定："县级以上地方人民政府根据需要设置相应的实施特殊教育的学校（班），对视力残疾、听力语言残疾和智力残疾的适龄儿童、少年实施义务教育。特殊教育学校（班）应当具备适应残疾儿童、少年学习、康复、生活特点的场所和设施。普通学校应当接收具有接受普通教育能力的残疾适龄儿童、少年随班就读，并为其学习、康复提供帮助。"残疾儿童本来就很不幸，他们自己不幸，家庭也不幸，如果在融入社会、接受教育的过程中还不能给予充分关怀，甚至排斥，无异于雪上加霜。人类社会发展到今天，"文明化"即"远离动物化"已成为人类文化的主体，对弱势群体给予人文关怀和关爱，才是"人"与"动物"社会性的本质区别。二是不能为符合条件非户籍学生和其他学生的入学设置障碍。我们应有大教育观、大国民观的思想，给予他们同等受教育的权利。

在教师层面，我们应时刻秉承"全纳教育"的理念，真正做到有教无类、因材施教，播种关爱的种子，不能以任何理由剥夺孩子参加教育活动的机会。要关注每一个孩子，更要关注有特殊教育需要的孩子，创造互帮互爱的班级文化，让孩子们在平等、自由、关爱的环境下成长。学校的学科活动中要强调对个性和多元性的尊重，促进所有孩子积极参与，有效参与课堂学习，使所有的孩子都能得到最适合他们的教育，使他们在原有的基础上得到最大可能的发展。

如果我们在"自主经营"的基础上真正实现了"人文化""人本化"教育，以更加开阔的视野，从"地球文明""人类文明"的广度和远度着眼，进行"广泛"而不是"狭隘"的教育，进行"公民"而不是"臣民"的教育，进行"民主"而不是"专制"的教育，进行"享受日子"而不是"过日子"的教育，我们就可以说教育回归到了"让人更加有尊严生活"的本源目的。

# 教育的本源目的是让人更有尊严

　　按照现代教育理念，建立一套系统、全面、科学的教育制度文本，规范办事流程，做到"事事有人管，人人有事管"。这固然是建设现代学校的基础和前提，但是，现代学校制度不应只是着眼于建立一套多么完善的"现代文本制度"，而是首先应确立一种以人的发展为核心的人本文化价值观，让人在受教育的过程中和受教育后更加有道德、有健康、有智慧，让人生活得更加体面，而不是让受教育者在受教育的过程中承受巨大的精神和生理压力，在受教育后使人心理异化，畸形发展，成为政治和经济的工具。一个学校可以自己制定出或者请专家制定出一套现代学校制度的"文本"，有了面面俱到的、系统的"文本"，并不代表该学校就一定是管理到位、气氛和谐、最大限度地促进人的发展的优质学校。如果学校管理者头脑里没有与制度文本相匹配和吻合的现代学校教育思想和现代教育观念，那些漂亮的"文本"也只能是"文本"而已。因为有些制度不到、不能的地方是文化在起作用，制度的背后和执行还需要文化来支撑。

　　传统的学校管理制度具有浓重的清规戒律式的"规范"功能，它冰冷、刚性有余、柔性不足，尤其是当条条款款制定得太多、太细、太死时，将严重地束缚人的思维和行为，使人的个性难以张扬。而具有"人文性"的现代学校管理制度则是温情的、柔性的，充分体现以人为本，富有人情味。

　　有人把理清学校和政府以及教育行政机关之间的关系作为建立现代学校制度的关键。毫无疑问，理清学校和政府以及教育行政机关之间的关系，保持学校的独立办学自主权，实现"责、权、利"归一，增强学校的自主发展能力，对于现代学校制度的构建具有重要意义。但是，这仅仅是现代学校制度的一个基础条件，并不是构建现代学校制度的核心。构建现代学校制度的关键应在于学校能否把孩子和教师的成长和发展作为学校的核心价值追求。人是社会的主体，无疑也是教育和被教育的主体。教育内在的价值观就是以"人的发展"为核心，以培养"武勇智术、魁伟动人"的各色人才为最高目标。学校中课程的主体是教师和孩子，所以学校搭建"人"的发展平台，它包括孩子的，当然也包括教师的。

现代学校管理制度的"人文性"在学校管理上应体现民主性，所谓民主是指合作共生、对话协调、非独断、非专行的价值取向。校长责任制不应该是独权式的校长负责，而应该是一个组合性的概念，至少有三层含义：校长负责、党支部政治核心和民主管理。如何实行民主管理呢？一是用民主的方法制定学校管理制度，二是用学校的具体制度保障民主。这样，民主与制度相辅相成，能形成一个和谐的"人本"人文环境。现代学校制度不是引领校长走向权力最大化，而是走向专业化。伴随着现代学校制度的构建，必然促使学校办学自主化地发展，相应地校长的权力也必将扩大，但这并不意味着校长的权力趋于最大化是现代学校制度的价值追求。而是这样校长们才能以学者的角度，用更多的时间和精力去关注教育、科技、文化的发展态势，才能够以浓郁的民主、科学精神和人文思想去治理学校，也才真正能够把学校建设成为一个有底蕴、人文化的学习型组织。

现代学校制度的"人文性"还应在管理制度上体现公平性。公平性即在制度面前要人人平等，反对"刑不上大夫"的法外之人，也要反对"菩萨心肠"的法外之情，以制度为准绳，事事规范，人人受益。公平不是用人制度上的平等，也不是分配制度上的平均，公平应该体现为人人参与竞争的机会平等，人人获得发展的机会平等，这才是现代学校管理制度要捍卫的"公平性"。因此，学校管理必须处理好共性与个性的关系，充分发挥制度内涵的公平性。只有相对公平了，人气才会顺，情感才会融通，各种人际关系才会和谐。

现代学校管理制度的"人文性"还应体现在全体成员具有进取精神和人际关系的和谐。和谐是指人际友善、天人合一的人生境界，进取是追求卓越、崇尚一流的精神风貌。要把成员的着眼点引导到教育教学研究上来，引导到享受工作、享受和谐、享受生活上来，不要引导到挑起纷争、挑起无休止的个人升迁等欲望的追求上来。

如何实现这种理想的目标呢？把学校构建成"学习型组织"是一条有效途径。

圣吉认为学习型组织是这样一种组织："在其中，大家得以不断突破自己的能力上限，创造真心向往的结果，培养全新、前瞻而开阔的思考方式，全力实现共同的抱负，以及不断一起学习如何共同学习。"学习型学校的价值就学校组织的层面而言，一方面除了能有效适应环境变迁，让学校组织变得更快、更好，增加生存的竞争力以外；另一个更深远而根本的价值则是引导学校成员在真正的学习中体悟工作的意义，追求心灵的成长与自我实现，并与周围的世界产生一体感。建设学习型学校要烘托浓重学习和进取的"场"，让人沐浴在这种追求平和、进取、博爱的"场"中，感受集体学习的快乐。那么如何建设学习型学校呢？首先要从以下四个方面激发组织成员对自己不断地加以完善：

（1）突破外在施压，实现自我超越。

传统学校组织过分强调对成员的外在要求，把成员看作具有依赖性的个体，而忽视了学校成员具有强烈的自我发展和完善的动机与需要。为了发挥自身的潜力，学校组织成员要实现自我超越，理清自己内心深处最想实现的愿望，集中精力，培养耐心，客观地观察现实，将学校的要求和自己的愿望加以合理地整合，从而突破外在要求，完成自我实现。

（2）改变心智模式，进行系统思考。

心智模式是一个人理解与看待周围事物的思维模式。长期以来，我们个人已经习惯了局部或静态思考为主的心智模式，这在一定程度上影响了我们对世界的看法。因此在构建学习型学校时，学校组织成员要检查和修正自己的思维模式，学习在解决问题时了解整个环境的互动关系，并在此基础上向以注重互动关系与动态变化的系统思考为主的共同心智模式转换。

（3）转变学习方式，开展团队学习。

现代组织的工作单位是工作团体，所以学习的单位也应由个人变为团体。

长期以来，学校成员一直采取"单打独斗"的工作方式，忽略了团队学习的价值，也忽略了个体学习与团队学习的整合优势。因此，学校成员要将个人学习与团队学习加以统整，实现自主学习与合作学习的统一。

（4）转变目标设置的狭隘做法，协调个人与组织愿景。

共同愿景是组织成员共同持有的意象或景象。学校组织成员在设置目标时要打破以个人为中心的目标设置倾向，将个人愿景与组织的共同愿景加以整合，并以共同愿景统帅个人愿景，从而在实现学校组织共同理想的同时实现个人的理想。

例如，邀请大家来校做报告，开阔教职员工的视界，感受大师的风范和更广阔的探究舞台，走出心"井"，走出眼前狭隘的利益；组织拜师求艺活动，带徒一程，送徒一段，缩短年轻教师摸索探路的时间，快速成长为成熟的教师；倡导推动读书活动，引导师生走进经典，吸收更加丰富的高品位学养；开展案例研究，推进校本培训；举办学校沙龙，让学校成员的思想自由碰撞；建立导师制度，组建以班主任为核心的教育团队；开办教师论坛，展现教师思想与风采，等等。只要我们把学校的核心功能定位于服务，以制度来确保"人本"校园文化的建立，并为教职工建立明确的工作、价值、利益导向，那么现代学校制度文化的建立就有了现实的基础。

"有一位好校长就有一所好学校"，这是"人治"的产物，这样的学校很可能会昙花一现；"有一套好制度就有一所好学校"，这是建设规范学校的必经之路，但它会使人思想僵硬，人际关系生冷而没有温度。"构建一个'人文性'的校园制度文化，就会造就一所经久不衰的名校"，这是现代学校制度建设的根本理念，也是我们探索学校制度建设的出发点和归宿。

# 向杜郎口学什么？

第一次"听"到"杜郎口"三个字是在书店，有一本书叫《杜郎口"旋风"》。书中介绍继黄冈、洋思之后，基础教育战线上又刮起了杜郎口"旋风"。他们成功地解决了初中阶段"两极分化"的难题，实现了"三无"，即无厌学生、无学困生、无辍学生。每位学生的学习热情都几乎被开发到极致。然而，在教育圈摸爬滚打多年，我深知许多名噪一时的教育改革不过是捞取资本的噱头。他们是用了什么魔法解决这些难题的呢？还是带有表演性质的安排几个"实验班"做做样子呢？带着疑问，我们学校一行10人于4月11日至14日前往山东省聊城茌平县杜郎口镇杜郎口中学进行了为期4天的实地考察，我们吃住在学校，和纷至沓来"朝圣"的人们一样，无不叫醒耳朵、打开心灵、调动所有神经，从杜郎口大门口开始，从校园的每一个角落、每一面墙开始，从开花的脸庞和成长的身影开始；在激情燃烧的课堂里，在轻盈舞唱的草尖上，在被田野染成绿色的乡风里，在孩子飞扬自信的眼神里，在教师驾轻就熟地点拨里，我们耳听目染，寻找、发现、探究；我们如饥似渴，感受、吮吸、采集，不同的人得出同样的结论——"奇迹"，有人将"奇迹"戏称为"学生反了、课堂散了、教师也不管了、四周全是黑板了"。参观后，我一直心潮澎湃，那种激动之情是只闻其名而未见其实的教育同仁难以体会的。"有教无类""因材施教""教学相长"这三条并行的教育轨道，千百年来一直是我们奉行的教育信条。但为什么是杜郎口而不是别的学校把它贯彻得那么好、那么有成效呢？关键就一个字，那就是"敢"，要敢于冲破传统的束缚，敢于向各种慵懒思想挑战，敢于进行剑走偏锋地探索！

上午10点钟，我们来到杜郎口学校，首先映入眼帘的是停在校门口的十几辆大客车，和我们一样，也是来"朝圣"的。校园里俨然已是一个闹市，有记录的、拍照的、议论的。我们拿到听课证，穿过熙熙攘攘的人群直奔课堂。较之别的地方不同的是，杜郎口中学的每一间教室都有前、后、侧和走廊四块黑板。黑板边缘墙壁上仅有的露白处也贴上了各类优秀学生的照片、挑战书、教师对学生的评价与期望，以及"我的霸气谁能敌，快乐课堂我称帝""有独特思想的人是伟人，能改革创新的学校是名校""善于合作的人将是进步最快的人，也是实力最强的人"等口号。笔迹稚嫩，好像是孩子的手笔。课桌摆放也很另类，由排排坐改为八张桌子拼成一个方块，每个方块都放一个或新或旧的搪瓷缸子，缸子内放了五颜六色的粉笔，孩子们对面而坐，八人左右一组。所有教室都没有真正意义上的讲台。

图4　听课参观者

这是怎样的课堂啊，到处都是来听课参观的人。我足足用了7分钟，才在热烈讨论的学生群体中找到像是刚刚大学毕业的教师。全校24间教室，全部向参观者开放。孩子们对进进出出的听课者们一概充耳不闻，一副熟视无睹、见怪不怪的自若神情。

教室的门一律敞开着，各教室传来孩子讲课的声音和教师点拨的声音，此起彼伏。孩子的声音个个像是喊出来的，普通话带着明显的方言味道，就连英语也是山东味的英语。可是他们却饱含了感情和自信，有时候会同时站起来几个孩子，发出好几个声音，教师并不制止，谁声音大谁就获得发言权。发言过后是孩子的评价，观点还很尖锐。

　　终于轮到教师说话了。教师的话还没停，孩子们操起瓷缸里面的粉笔，从听课教师群的缝隙中钻过去，呼啦啦地拥在黑板前，先在黑板上方写上自己的名字，然后写上课本上学过的知识点。没有黑板的同学就蹲在地上写，教室不够就到走廊上写。

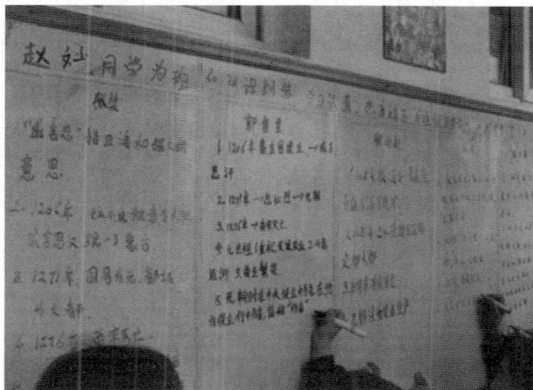

图5　学生在黑板上书写知识点

　　有人说："杜郎口中学的黑板可以申请吉尼斯最长纪录了！"几千年来我们用的黑板让杜郎口中学的师生用到了极致。

　　有的教室上展示课，孩子都离开自己的座位，或坐、或站、或蹲，聚在黑板前，聆听各小组学习成果展示。随着各小组所属黑板位置的变化，师生群也跟着移动。

　　这样的闹市课堂，孩子能学习吗？"简直是瞎胡闹！"我默默地嘀咕。半天下来，我惊奇地发现，孩子竟视我们参观者如"无物"，他们的注意力高度集中，积极思考，朗声讲解，真诚评价。我们这些不守规矩的教师们，竟丝毫没有影响这些孩子们。

　　阶梯教室正在上一堂语文的展示课，下边坐着来自各地的上千听课者，孩子们尽情发挥，激情展示自己的学习成果。《口技》这篇课文学完以后，教师说："口技是民间艺术的一个典型代表，我们中华民族文化源远流长，有很多民间艺术有待发掘和发展。请各小组讨论一下，选择一种民间艺术展示一下或者模仿《口技》描写一种场面。"接下来，各小组各显神通。一组模仿《口技》描写了当时课堂的场面，语言精练，条陈理清，活灵活现，赢得听课者长时间的掌声；二组把现在课堂模式的巨大影响写成了歌词，并当场唱出了心声；三组展示了剪纸艺术。每个孩子都享受着学习的乐趣、展示的快乐。

下课铃声响了，有几个孩子在教室外的一块空地上练习写字，那字的一撇一捺足见功底。再向四周一望，这样的书法格子校园里还有很多，学校真是用尽办法给孩子以动手的空间、展示的空间。

图6　练习写字

这就是杜郎口的课堂，我突然在头脑中冒出两个字——颠覆，对传统课堂彻底的颠覆。

那么，我们到底要向杜郎口学习什么呢？

## 一、杜郎口中学的课堂模式

### 1. 杜郎口中学的课堂类型

杜郎口中学的课堂类型有三种：预习课、展示课和反馈课，或一堂课分为这样的三阶段。预习课，教师将学习范围和目标发给各组长，由组长组织本小组成员学习；展示课，各小组把自己负责的学习内容向全班同学讲清，教师只是点拨和引导孩子的评价；反馈课就是查缺补漏，仍然是教师引导孩子反思。无论哪种课型，孩子的主体地位都体现得淋漓尽致。在我们还在为申报所谓的省级甚至是国家级课题而沾沾自喜的时候，"杜郎口人"已经实实在在地迈出了坚实的一大步。

图7　预习课

图8　展示课

**2. 杜郎口中学的课堂结构**

杜郎口中学的课堂结构是"先学后交，当堂提高"。"学"是指孩子在教师指导下的自学，承包学习任务的小组学习；"交"即交流，各小组内、各小组间、师生间进行交流，由一位"先生"变为四十几个"先生"，他们称之为"兵教兵""兵练兵"。

课堂这样一变，变活了一片天地，变出了孩子参与的热情，变出了孩子学习的乐趣，更变出了能力发展的空间与动力。

**3. 杜郎口中学的课堂时间安排**

杜郎口中学的课堂时间安排是"10+35"，即教师点拨不超过10分钟，孩子自主学习35分钟。而且这个时间是死的，教师讲的超过10分钟就要受到批评。这种规定看似机械，实则很有必要。教师把惯了讲台、说惯了嘴，你不让他讲他会浑身不自在，有一百个不放心，这是惯性。矫枉必须过正，否则很难矫枉。

**4. 杜郎口中学的学习方式**

杜郎口中学的学习方式是"小组合作学习"，自学以小组为单位，展示和评价也是以小组为单位。各种评价采取"连坐制"，小组成员一损俱损、一荣俱荣，很好地培养了团队精神，比一千次说教都要有效得多。

**5. 杜郎口中学的教育理念**

杜郎口中学的教育理念是学生主体基础上的教师主导；学生是课堂的主人，他们有话语权；参与就有快乐，自信就有成功。看来，他们找到了教育的真谛，并坚定地践行着。

图9 教育理念

## 二、杜郎口中学的管理——"比"是核心

**1. 学生管理**

（1）责任共担

小组一人成绩下降，教师批评全组，上光荣榜的也是以小组呈现；一人违反纪律，全组受到惩罚，并影响全组成员的综合评价。他们学习在一起、劳动在一起、吃饭在一起，是一个整体，是共同进步的团队。

（2）展示风采

杜郎口中学各个教师几乎无一例外地在墙壁上贴满了各种优秀学生的团体照，有学习尖子、体育标兵、尊老模范、管理能手，还有文艺宣传积极分子。看到自己的照片是提升自己的动力；看到别人的照片可以找到自己的不足，激发追赶的雄心。"杜郎口人"真是精明，从不"吝啬"这种不要钱的表扬。

（3）引入竞争

教室的墙壁上挂着教师的激励话语，其形状为心形，代表着教师捧着的一颗心；也张贴着孩子们的挑战书，语言很朴实，没有丝毫掩饰的意思，但它却挑起了一场"没有硝烟的战争"。孩子们的学习成绩拿出来比、孩子们的书法拿出来比、孩子们的作文拿出来比、孩子们的表达能力拿出来比——多角度、多层次、多主体的对比，比出了孩子们的信心，比出了孩子们的动力，也比出了孩子们的能力。

**2. 行政管理**

（1）三级聘任制

杜郎口中学实行"三级聘任制"，即校长聘任年级主任，年级主任聘任班主任，班主任聘任科任教师。落聘者学校另行安排其他工作，各部门行政干部的主要工作是制定工作计划和检查评价。"三级聘任制"让混饭吃的、误人子弟的教师无处遁身。这种制度好多学校都尝试过，失败的较多，但杜郎口却能大扬其优。

（2）责任共担

数学教研室主任徐力老师在给徐州市教育局领导介绍经验时提到，他们的教师管理实行"连坐制"。出现乱堂现象，除了批评上课教师之外，还要批评班主任；一位英语教师课上不好，要批评英语备课组长和英语教研室主任；考试试卷出了问题，出卷者、审卷者、学科教研室主任、教导主任、主管副校长和校长等相关责任人都要受到处罚。这对于增强责任心不失为一种好办法。

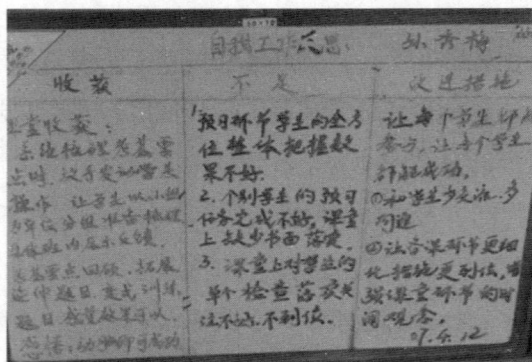

图10 责任共担

（3）展示成败

在学校的正厅里摆放着一排排的小黑板，有教师的一周两反思，其格式为成功、不足和改进措施；有各个职能部门的周总结；有优秀教学设计、优秀听课笔记的展示；有各种评价结果的公示，如班级评价、各教研室评价、教学成绩评价、教案评价、听课笔记评价、开会记录评价等无所不包。师生皆可阅看，透明度非常高。教师压力很大，动力自然也很大。

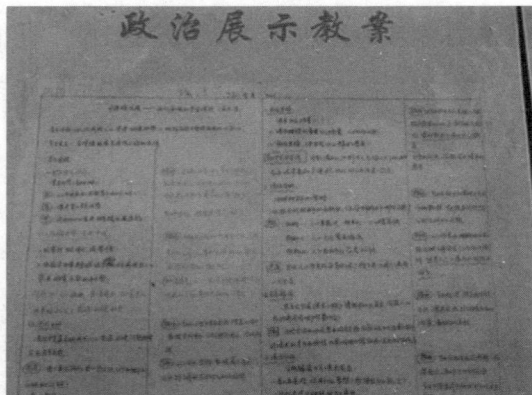

图11 展示成败

## 三、杜郎口教改的由来

"一位好校长就是一所好学校"，这句话在杜郎口中学的发展历程中得到了充分地验证，杜郎口中学的成功是其校长崔其升不甘落后、大胆改革、勇于创新的结果。

学校简历上这样写道：崔其升，男，1962年11月出生，1981年7月中师毕业参加教育工作，在杜郎口镇小学任教师，1982年7月至1985年3月在杜郎口中学任教师，1985年3月至1987年1月离职在聊城教育学院进修中文，1987年1月至1994年4月历任杜郎口联合业务辅导员、会计、业务校长，1997年4月至今任杜郎口中学校长。

2005年11月12日，山东省农村中学教育教学现场会在杜郎口中学隆重召开，崔其升校长成为全省的教改典型。他带领"杜郎口人"实施主体教育、回归教育，打破了教师讲、学生听；教师主宰课堂、学生是知识"罐装桶"的传统授课模式。

崔其升校长带领全校师生经过"八年抗战"，终于"打出"了自己的天地。然而那是怎样的八年啊！我们这次去参观，本想见崔校长一面，但却未能如愿。学校教师说："我们校长身体很不好，有严重的糖尿病，都是这几年累的。"

1997年崔其升上任之初，他面对的是因教学成绩很差（茌平县倒数第一）频临撤并的杜郎口中学。他竭尽全力立制度、抓管理，学校秩序有了大大的改观，但教学成绩却起色不大。他开始查问题、找原因，每一年听课都达到1000节以上。一次他找几个孩子座谈，他问孩子为什么不认真听课。孩子回答："老师讲得还没我讲得好呢，我为什么听他的？"一句话惊醒了梦中人，为什么不让孩子讲呢？他的决心只有一个——改革；他的目标也只有一个——解放孩子，把课堂还给孩子，让孩子成为课堂的主人。接下来他用大量的时间与孩子座谈，与教师沟通，对教师做细致的思想工作，阐述"改革意味着生，不改革意味着死"的道理，围绕"解放"的核心开始制定第一份比较完整的《课堂评价标准》，涉及教师上课、备课、业务学习等几个方面，其内容如下：

（1）上课要求：

① 课堂气氛：教师微笑授课；学生积极主动，情绪高涨，勇于自我表现。

② 活动形式：形式多样，情趣浓厚，寓教于乐，能体现学生动脑、动手、

动耳、动口，培养学生的创新意识和实践能力。

③ 学生活动量：学生活动在35分钟以上（优）、30分钟以上（良）、29分钟以下（一般）。

④ 教师基本功：板书条理，能把本节课的要点归纳在黑板上，版面设计美观科学；讲普通话

（2）备课要求：

杜绝抄袭教学参考及现成教案，主要把上课的措施显现出来，体现孩子的主体性，活动形式多样，反映孩子的创新意识和实践能力。

（3）业务理论学习要求：

笔记每周一篇，不准抄袭，要写上课的心得体会、经验总结，写孩子在课堂中的表现。

最初的学生表现评价标准为生龙活虎、欢声雀跃、争问抢答、喜笑颜开。半年后改为举手积极，声音洪亮；讨论热烈，辩论激烈；争问抢答，欢声雀跃；多种角度，创新实践；笑逐颜开，热闹非凡。

《标准》的出台标志着改革的大幕已经拉开，从此便开始了"先学后交"的尝试。学校顶住了来自教师习惯等各种压力，向改革的深度和广度扎实地迈进。

## 四、向杜郎口学什么

向杜郎口学什么，把他们的全套搬过来吗？这是每一位参观学习者都会思考的问题，智者取经之道是"适我者，我择之爱之；不适我者，我弃之无所视"。我认为，学"杜"者生，似"杜"者死。那么我们应该学什么呢？

（1）精神。一是敢破敢立、坚持不懈、一以贯之的精神；二是上下一心、同心协力、集思广益的精神；三是吃苦耐劳、勇于奉献的精神；四是不甘落后、大胆思变的精神，以及树立干一番事业的志向和胆略。这些精神就是"杜郎口人"的根基。

（2）突出孩子的主体地位，把课堂还给孩子。孩子能说的让孩子说，孩子能做的让孩子去做。

（3）因地制宜的工作思路。学什么都不要照抄照搬，绝不能复制。"杜郎口人"没有照搬别人的，所以他们创出了一条康庄大道。同样，我们学"杜郎口"也不能照葫芦画瓢。只要教育思想对头，掌握"教"是为了"不教"的教育精髓，一块黑板也有风景，保留讲台也有精彩。

泰戈尔有一句话："我不知道为什么今天我的生活完全激动了，一种狂欢的感觉穿过了我的心。"这是我参观杜郎口中学后内心的真实写照。

图12　参观杜郎口中学后合影

感悟篇

教育篇

教学篇

管理篇

家教篇

# 《静悄悄的革命》读后感

## 一、教育指向

诸如消极、麻木、厌学、欺负弱小、旷课等现象，我们很多学校也存在着，并消耗着教师们相当一部分的精力，他们的改革对我们极具参考价值。通常我们会通过生活指导、课外兴趣活动指导和前途指导这三方面的"指导"来处理上述难题，佐藤学教授却认为，越是推行这三个"指导"，本应是学校教育核心问题的"学习"和"教学"就越是空洞化。我想，是不是教育本身就应该是这样的？前面就是本末倒置？现在的孩子职业生涯发展规划、兴趣发展、学习生活，无一不是指向孩子的未来。现实再次发问：中学教育应以什么为中心进行组织？名副其实的中学生学习应是什么样的？为了建成名副其实的中学，实现与中学生相称的学习，教师应该做什么？等等，在对这一系列的问题进行认真的、脚踏实地地探索时，就涉及孩子的生活方式和地区未来的综合学习，产生出在学科学习领域中可相互探究、创造、表现的学习，产生出作为教育专家的教师共同成长、合作研究，产生与以大学研究人员为首的其他专家的合作研究。看来，我们要做的事情真的太多了。日本如此，相信其他国家也是如此。课程改革是在国际课程改革的大背景下的应然之举，是相互交流沟通的产物，各国都有类似的问题症结，在各自国情下，继承本国优良传统下的发展创新，趋势、方向已定，我们可以殊途同归。

## 二、学教形式

学习的弊端各国都有，一是把学习当"坐"学来组织的，认为学习只需要脑神经细胞的活动，而不需要借助任何媒介就可完成，在认识上和实践上都把学习与物、人、工具等媒介分离开来；二是一直把学习看作是仅由个体单独完成的行为，直到今天，在以"自己解决""自主学习"为理想学习的倾向中，这种认识还在继续被强化；三是没有认识到学习是在表现学习、与同伴共享学习的过程中，对其不断进行反思的一种活动。在我看来，教育家和教书匠的区别就在此。围绕学会学习、学会生活、学会做人、学会做事、学会合作等构建系列适宜的课程，教学相长。南通市提出的"限时讲授、小组合作、踊跃展示"十二字方针对此做出了最好的诠释，由学科学习到综合实践学习，皆应如此。整个过程中，孩子"要接触到很多的人和事，要多次与班上的、年级的其他同学协商，要产生和发展自己对主题和对象的关心、思考和感情，还要不断地反思、推敲这些关心、思考和感情，并把自己的发现和认识作为共同的作品加以表现。在这样的综合学习实践中，体现着至今为止学校中所缺少的'接触''对话''合作'和'表现'等"。

引发我对综合学习中"学习的创造"起到改革整个学校学习核心作用的兴趣是，与从单元到单元的学科学习不同，在综合学习中可以对连续的、贯穿始终的主题进行持续地探究。按"学年计划"加以组织，以一个学年为基本单位来开展活动，同时估计到三年期间的连续性和发展性。学科学习不也可以这样吗？和志云主任闲聊让我坚定了这个信念。初二的教学临近结束，好几个班级的数学已经在赶初三的内容，最快的班本学期就能将初三上学期的教材讲完。这引起了我的兴趣和注意，我想深入了解一下四门主课是怎么齐头并进的，一门独快是否会影响其他学科的教授？志云主任和我分析道，其实数学学科与语文、英语、物理等不一样，其他几门可以说相对独立些，数学是螺旋式前进，前面的教材为后面的内容服务，讲好了前面的可以省好多力。就像一元一次方程到一元二次方程、一次函数到二次函数等，方法、技巧差不多，可以略微点题直接进入练习。效率上去了，单位时间内完成的内容相对就多了。

## 三、教师学科能力的培养

教师尽量大循环，为学生、为教师，也为学校。把学生的学习按"学年计划"加以组织，同时顾及三年期间的连续性和发展性。以前我也和教师们讲过，把学科放在整个学段来考虑，这是为了有计划、系统性强。经历过大循环，教师就知道某个单元的教材或知识点在整个学段的地位，或者说对于中考的重要性，那么在日常的教学中，教师就会游刃有余，有针对性地谋篇布局，时间分配详略得当，不至于干出捡了芝麻丢了西瓜的蠢事。如果一个教师老是停留在起始年级，那么他的眼光就只能是起始年级的水平，久而久之，他的能力也就是起始年级的水平，他缺乏上进心，孩子对他也无信心，他对学校抱怨也无可厚非，一棍子就打死一个"希望"。反之，激励给予机会，给予压力与动力，孩子如此，教师更是如此。一个人的事业青春期、旺盛期有多久？有的人真的耗不起！对于后进教师，不正需要佐藤学教授所提的那种"合作性同事"的帮助吗？另外一个角度是教师对孩子的指导，如果一个教师能够不再跨头或跨班教授，而是能够面向专一固定的班级，既作为课外活动指导、生活指导和前途指导的"专家"，还作为对每个学生所有学习负责的教育专家来完成自己的工作。基于了解，应该也是事半功倍的，这也应该是个值得尝试的方法。

## 四、"阶梯型"向"登山型"的改革

"学科学习的改革是把过去根据'效率性'原理而产生的'目标·完成·评价'型（阶梯型）课程改革成'主题·经验·表现'型（登山型）的课程。为了使学科的本质鲜明化，在各学科的学习中应努力提示学科的中心概念，围绕学科的中心内容来开发单元，持续地开展实践性的研究。"体育课程的开发就应如此，虽然从一开始的放开扭转为现在强调技术的重要性，但我总觉得学校体育应该从固有的竞技化体系中突围出来，形成一系列生活化的技能，体育本身就是来源于生活、劳动。这种实践性的研究可以多尝试，要创造以学习为中心的课程，将"探究·创造·表现"的交流性学习和学习网络扩展到所有学习中去。

## 五、教师角色定位

### 1. 守望者

一直以来的"应试教育"让我们的教师在课堂上扮演着孩子学习知识的灌输者和教室维持秩序的管理者。因而，我们的教室要么是寂静、沉闷的，要么听到的只是孩子们齐声高呼"是""是"。在这里，我们看不到个体的参与，我们常常呼喊的"尊重学生的个体差异"不应是一句空话。就拿数学教学来说，教师更应注重孩子的个体参与，从这种个体的参与中获悉个体差异。长期以来，一直只存在着重认知理解、轻情感体验；重共性统一、轻个性差异的发展。对于学习，孩子对文本的理解应该是多元的。每个个体根据自己已有的生活经验、人生阅历、思想深度等对同一内容会产生不同的反应。因此，我们在教学中要引导孩子走进文本，与文本对话，要尊重孩子的个体体验和独特感受，鼓励孩子发表自己独到的见解。新课改下，教师的角色不应该做学生学习知识的灌输者和教室维持秩序的管理者，应该成为关注每个个体的守望者。我国课程改革的目标是为了每一个孩子的发展，所以它应该是一个个性的教育问题，因为每个人都有独特的心灵，"守望"即包含着对每个个体的尊重。

### 2. 倾听者

回想我们的课堂，常常埋怨孩子们不响应、不愿回答。阅读《静悄悄的革命》，似乎让我找到问题的症结所在，那就是——倾听。倾听远比发言更加重要，因为倾听是学习的基础，是学习的重要行为。而孩子会倾听则源于教师的倾听。《静悄悄的革命》中有这么一段话："倾听学生的发言，如果打一形象比喻的话，好比是在和学生玩棒球投球练习。把学生投过来的球准确地接住，投球的学生即便不对你说什么，他的心情也是很愉快的。学生投的很差的球或投偏了的球如果也能准确地接住的话，学生就会奋起投出更好的球来。这样投球般的快感，我认为应当是教师与学生互动的基本。"像这样的精辟之言让人耳目一新，发人深省！在我们的教学活动中，有多少教师认真倾听了呢？特别是我们年轻的教师，怀里揣的是教案，脑中想的是下一个环节，想着自己该说些什么话，该怎样把孩子引到自己要走的路上来，该开展哪个活动，对孩子的发言没有耐心听。佐藤学教授提到："善于学习的儿童通常都是善于倾听的儿童，只爱自己说话而不倾听别人说话的儿童是不可能学得好的。学习是从身心向他人敞开，接纳异质的、未知的东西开始的，是靠'被动的能动行为'来实现的行为。"这个提示让我意识到，形成互相倾听的第一步，是教师自身要自始至终保持专心专意地、郑重其事地听取每个孩子发言的态度。孩子虽需要鼓励，但教师应该认真地听取每个孩子的发言，并做出敏感的回应，应能慎重地选用每个孩子都能理解的词语讲话，这样孩子之间才会开始互相倾听，才能在教室里形成仔细倾听别人的讲话、互相交换意见的关系。就如佐藤学教授所说的"在以自然的轻声细语来交往的教室环境里，更能培养自立、合作的学习者"，只有在"用心地互相倾听的教室"里，才能通过发言让各种思考和情感互相交流。许多时候教师急于完成"教课本"的任务，将时间紧紧地攥在自己的手中，担心孩子会走向自己没有预设的那一条路，于是用自己的想法代替孩子的发言，心安理得地做一个骄傲的传授者。

### 3. 导演者

《静悄悄的革命》中指出："在以学为中心的教学中，教师的精力集中在深入地观察每个学生，提出具体的学习任务以诱发学习，组织交流各种各样的意见或发现，与孩子开展多样化的互动，让学习活动更为丰富，让学生的经验更深刻。"作为教师，课前得认真研读教材，结合教材的实际进行有效的教学设计。特别要注意的是，教学设计用怎样的具体任务诱发孩子的学习，组织怎样合理、有效的活动，让活动成为引令孩子学习的实体。而走入课堂，教师应该注重的是孩子的主体，改变原来的教学理念，重视倾听思路各异的"异向交往"，理解"无论什么样的发言或行动，都有他自身的'逻辑世界'"。因此，课堂掌控在教师手中，教师就是课堂的导演者。教师只有做到了"用教科书教，而不是教教科书"，学生才能"用教科书学，而不是学教科书"。我想，这样的课堂才是个性化的课堂、多彩的课堂。

当然，教学方式的转变、教师自身的角色定位，最终还是教师自身教育理念的改变。就如《静悄悄的革命》前言中小林老师所说："判断自己的工作究竟好不好，只能看教室里的每个学生的表情、学习的姿态，看他们是否在持续学习。现在在教室里，让学生位于台前，自己退居其后，也不再觉得痛苦了。"等到我们有了小林老师那种切身的体会时，我相信我们的课堂一定是异彩纷呈的课堂，我们的教室一定是"润泽的教室"！

　　读完《静悄悄的革命》一书后，它带给我们一种冷静的思考，这是教学改革轰轰烈烈年代里的冷却剂，让我们躁动不安的心平静下来，玲听孩子与教师真实的声音！也许很多情况是我们无法改变的，很多改变也是艰难的，但既然我们改变不了别人，但起码可以从自己的课堂改变起，以自己微小的力量加入这场静悄悄的革命吧。

# 教育感悟

**1. 关于教育的目的**

教育的目的具有社会属性和个人属性。就社会属性而言，是为国家培养合格的公民；就个人属性而言，则是"打开让孩子看得见自我的门"，让孩子做最好的自己，有尊严地生活。

**2. 关于教师**

教师有两大任务，即"教书"和"育人"。也就是说，教师应该既是"经师"（教孩子学会求知），又是"人师"（教孩子学会做人）。

**3. 关于学校**

学校就是师生共同发展的平台，应该为教师和孩子的发展搭建不设边界的平台。有人说难道连"护栏"也不要吗？我想，如果把地球当作舞台，还有必要设置护栏吗？

**4. 关于教学**

就是"教"孩子如何"学"。教学的核心就应该是"让孩子坐在驾驶的位置"，只有坐在驾驶的位置的人才能学会开车。但这个"车"必须是"教练车"，教师初期阶段一定坐在"副驾位"。但在"副驾位"的教师干什么、怎么干，这就是教育技巧。

**5. 关于师生关系**

我们倡导师生平等，指师生人格地位的平等，但在教学活动中的话语权上就不应该平等。试想，季羡林大师与孩子交流，凭他那深养厚蓄的学识，孩子的话语权怎么和他平等？现在有些课堂完全让位给孩子，教师基本上是旁观者，孩子自学、对学、群学、交流和展示，那是"萝卜炖萝卜——还是萝卜"。

**6. 关于语文学习**

我认为，若想提高孩子的语文素养，只有"海量阅读"，教会孩子"泛观而约取"的本领。这种阅读应该是多读整本书而不是"碎片式"阅读，读了大师的整本书，你就会与大师交上朋友，学到大师的品行与智慧。

**7. 关于学校特色**

学校特色不应是"打造"，而应该是"培育"。学校特色应该具有四性：独特性、优质性、广泛性、长期性。应该做有必要的事，而且孩子愿意做。女子篮球队在全市初中组决赛中以72：17的绝对优势获得冠军，它不能成为学校的特色，因为参与面较窄；大合唱连续六年获得一等奖，它也不是特色，因为参与面不够。我们的创新教育是特色，因为开设了17年，有校本教材、评价机制，参与面是100%，而且孩子喜欢，受益者众。

**8. 关于校园文化**

校园文化包括物质文化、精神文化和制度文化。很多学校只重视物质文化建设，精神文化与制度文化根本与其不配套。有些学校把什么校风、教风、学风、校训、办学理念写在墙上，有些相互不搭调不说，这种口号似的文化有多少内涵？有多少被师生内化？没有人能知道。

**9. 关于德育范畴**

我们经常讲，我们的教育要"立德树人"，这里的"德"包括政治思想（对与错）、道德品质（好与坏）、心理（健康不健康）、规则（合不合理）、情感（合不合情）。我们不能把"德"窄化成道德，而要全面考虑、总体考量，形成体系。

# 教育人的"七有"境界

## 一、眼中有孩子

### 1. 孩子是主体

孩子是学习主体，学生健康成长是学校教育教学活动的出发点和落脚点；孩子是责权主体，既是法律上的责权主体，也是伦理上的责权主体；孩子是权利主体，学校和教师要保护孩子的合法权利；孩子是责任主体，学校和教师要引导孩子学会对学习、对生活、对自己、对他人负责，学会承担责任。

### 2. 孩子是独立个体

要充分尊重孩子，尊重孩子的人格，尊重孩子的个性差异，尊重孩子的隐私，尊重孩子的发展节奏。

### 3. 孩子是独特的个体

每一个孩子都是不可复制的传奇，教育必须量身定制，因人而异、因时而异、因势而异。

### 4. 孩子是发展的人

孩子是发展过程中的人，有很多不成熟、稚嫩的思想行为是正常的。每一个孩子都有巨大的发展潜能，需要我们的教育、培养、塑造和指导。他们的发展是有一定规律的，教师要依据孩子身心发展的规律和教育规律开展教育教学活动，促进孩子的身心健康发展。

### 5. 孩子是完整的人

只有在德智体美劳全面发展的基础上才能成为全人，才能成为最好的自己。

## 二、心中有情怀

一是要有爱心。"爱"是教育的底色，有了爱才可绘制壮美的人生图画。

二是热爱教育事业。对教育有着执着的追求，不甘于平庸，勇于进取。

三是有跃动的情感。有灵慧、灵活的思维，有独特的视角、独到的看法。

四是自然流淌的才情，以打开更为广阔的教育格局与视域。

五是静的心境。静下心来读书、思考，看淡功名利禄，潜心耕耘，播种福田。

## 三、脑中有思想

要有成体系的教育思考，要有教育定力。遵循孩子身心的成长规律和教育规律，不能人云亦云，不能把学校搞成"功利场""花果山""蜘蛛洞"。教育需要"小火咕嘟炖"，需要用心配料，用心"熬制"。多些"培育"，少些"剪裁"；多些包容，少些斥责；多些成全，少些拆台。

## 四、胸中有目标

不忘教育的根本目的，让孩子成为最好的自己和有用的公民，教育的个人属性和社会属性不可偏废。

## 五、腹中有策略

教师是"知识"的烹饪师，把有"营养"但"不好吃"的知识深加工，添加些调料，烹饪成既有"营养"又"好吃"的"美味佳肴"，所以教师的作用就是降低孩子的学习困难程度；教学过程中要"让孩子坐在驾驶位"，只有让孩子坐在"驾驶位"才能学会开车，"坐在副驾驶位"的教师要研究如何灵活指导驾驶技术，如何更新、使用"导航系统"；为师生搭建不设边界的平台，多角度、多维度、多方式为教师的专业成长和孩子的发展搭建平台，最大限度地拓展发展空间；培育有体温的学校文化和班级文化，强调营造而不打造，强调温馨而不生冷，强调影响而不灌输；教育评价采用个性化激励，多用几把尺子多量出些好孩子；积极构建课程体系、文化体系、德育体系、教师专业成长体系和现代学校制度体系；积极探索"互联网+教育"加什么、怎么加的问题，让信息技术手段改变教学方式，提高教育质量，不要把"互联网+"变成上公开课的"做戏道场"。

## 六、手中有方法

把常规工作做到精致和极致，在求精中找厚度；坚持求异性思考，在创造中找角度；静下心来学习，在视野中找跨度；虚心学习名家，在创新中找高度。

## 七、脚下有路径

任何一项技能的学习都需要三个环节：仿、疑、创。仿即仿效成功的做法，按照他人的模式操作；疑即质疑，对别人的套路结合自己的风格特点及现有实际进行调整，接上"地气"，变成适合自己的行走方式；创即创新，在继承别人做法的基础上创造性地开发出自己独特的、宽阔的、高效的路径。"无旧无以为守，无新无以为进"，继承和创造永远是发展的两大主题。